科学的にラクして達成する技術

永谷研一

クロスメディア・パブリッシング

目標達成に必要なのは、
根性論や気合いとは無縁の、
単なる「技術」です。
技術があれば「やる気」でさえ
コントロールできるようになります。

この本の中では、
「達成するために、
鉄の意志を持ってがんばり抜きなさい」
なんてことは言いません。
無理な要求も一切しません。

目標達成には、特別な能力はいらないのです。
ただ、やり方を知っているか、
知らないかだけ。
だから、あなたも必ずできるようになります。
そして、一度その方法を身につけると、
そこから少しずつ、
あなたの可能性が広がっていきます。

はじめに

あなたは、「いつもラクして目標を達成する人」というと、どんな人だと思いますか？根性がある人でしょうか？負けず嫌いな人？それとも、めちゃくちゃ頭のいい人？あるいは、特別な能力を持った人でしょうか？

いろんな人を思い浮かべるかもしれませんが、いずれにしても、こうした「すごい人」しか目標を達成することはできないのでしょうか？

いいえ、そんなことはありません。

その理由を含めて、私のバックグラウンドを少しお話しさせてください。

私は企業や学校で、「目標達成」を支援する仕事を行っています。

クライアントは、従業員数3万人を超えるメガバンクや世界中に拠点をいくつも構えるグローバル企業から、中小規模のメーカーやサービス業、創業間もないスタートアップ、大学や専門学校などの教育機関までさまざま。年齢層も、10代の学生や20代の若手ビジネスパーソンから、30代・40代のリーダー層、50代のベテラン層まで、幅広い方々と接しています。

私の仕事は、研修で目標を設定して、行動計画をつくって終了……ではありません。「この目標を立てた人は、半年後・1年後に目標を達成できたのか」「できていないのなら、どこでつまずいたのか」といったことを、ITのシステムを使って科学的に分析し、目標達成のための行動や思考がどうあるべきかを追究していきます。

こうして13年にわたり、のべ1万5000人以上の目標設定とその行動実践について、データの蓄積と追跡調査を重ねてきました。おかげさまで、この仕組みは日本とアメリカで特許が認められ、多くの企業で使われています。

これらのデータの分析を通して、私には「いつも達成する人」の特性がわかってきました。

実は、**常に目標を達成するには、気合いも精神力も根性論も、まったく役に立ちません**。

確かに、1回や2回は気合いでなんとかなります。でも、「常に」気合いを入れ続けるなんて、私を含めて大部分の「普通の人」にできることでしょうか？　徹夜も1日、2日なら根性でできますが、毎日のようにはできませんよね。それと同じです。

結局、長いスパンで見ると、根性論でなんとかなる範囲は、意外と狭いのです。

目標を達成するために本当に必要なのは、目標達成のための「基礎的な技術（スキル）」を身につけることだけです。基礎的な技術というのは、要は「知っているか知らないか」。つまり、**「すごい人」や「才能に恵まれた人」だけが使えるものではなく、誰でもマスターできる**ということです。どんな人でもラクして達成できるようになれるのです。

例を挙げましょう。

あなたは、忙しく仕事をしながら、ある資格の取得を目指しているとします。資格試験に合格するために、具体的に何をしますか？

たとえば「毎日1時間、帰宅後に勉強する」といった方法を考える人も多いと思います。でも、実はこれ、ものすごくハードな道なのです。

「きちんと計画を立てて勉強することの何が悪いんだ！」と怒られそうですね。確かに立派な方法だと思います。しかし、こうした計画を立てても、大部分の人は、そのうち「今日は仕事で疲れたから、明日の朝、早起きしてやろう」「飲み会に出ちゃったし、明日に2時間分やればいいや」などと考えるようになります。それで、結局やらないのです。

これを「気合いが足りないんだよ！」と非難することに意味はありません。**そもそも人間はそういう生物なのですから。ゆえに、そうした人間の性質を計算に入れた「技術」を知る必要があるのです。**

私にしてみれば、「一生懸命に勉強して試験に合格する」と考えること自体がすでに根性論であり、科学的ではありません。「目標をつくる」にはちょっとしたコツがあり、「本気になる」のにも科学的に裏づけられたテクニックがある。それを身につければいいだけです。

多くのデータを分析すると、実は「勉強する」というのは、「計画倒れに終わる行動」の中でも、最高レベルに位置するような難しい行動なのです。そこで、何か習慣化している行動の「ついでに」行うというテクニックを使います。

たとえば、勉強道具を常にカバンに入れておきます。そして、電車やバスで移動する「ついでに」勉強する、週1回、病院へ行く「ついでに」病院の隣の静かな喫茶店で勉強する、といった具合です。実際の行動実践データを分析してみると、この「ついでに」という技術を使うだけで、単に「帰宅後に勉強する」のと比べて4・2倍も習慣化しやすくなります。
これは、本文中で詳しく解説する、「行動を続ける」技術（→第2章）の一端です。

本書は、2013年に刊行し、好評をいただいた拙著『絶対に達成する技術』をベースに、最新の理論やメソッドを盛り込みつつ、よりわかりやすく、より効果が上がるように、全面的に書き直したものです。

この本の「ラクして達成する技術」は、以下の5つの要素で成り立っています。

①「目標を立てる」技術
②「行動を続ける」技術
③「経験を振り返る」技術
④「人と学び合う」技術
⑤「自分の軸を見出す」技術

これらは、私が1万5000人以上の目標設定や行動実践のデータを科学的に検証することで得た、「いつも目標をスルッと達成する人の行動や思考の技術」をわかりやすく体系化したものです。この5つの技術を身につけることによって、本のタイトルの通り、ラクして目標達成することが可能となります。

本書では、目標を達成したい、少しでも自分を成長させたいと願う多くの前向きなみなさんに向けて、この「5つの技術」をやさしく解説します。明日からすぐ使えるよう、実践的なノウハウを中心にまとめることに心を砕きました。また、仕事だけにとどまらず、人生のさまざまな場面で応用できる「原理原則」的な内容になっています。

この本を読み終わるころ、あなたの目標達成へのアプローチは一変しているはずです。そして、「望む成果を得ることができる人生」の第一歩を踏み出していることでしょう。

著　者

科学的にラクして達成する技術 ● 目次

第2章

ラクして達成する人の「行動を続ける」技術

第3章

ラクして達成する人の「経験を振り返る」技術

第4章

ラクして達成する人の「人と学び合う」技術

第5章

ラクして達成する人の「自分の軸を見出す」技術

序章

「達成できないスパイラル」から抜け出すのは今！

01 ダイエットが失敗する5つのワケ

私たちは、いつでも健康な体でいたいと願っています。そのために、体重の増減に気をつけている人は多いでしょう。つまり、ダイエットは、健康になるための「目標達成」のテーマの一つともいえるのです。この本はダイエット本ではありませんが、**目標が達成できない理由は、実はダイエットの失敗例に隠されています**。ダイエットが失敗してしまうのには、次のような「5つのワケ」があります。

［理由その1］本当にやせたいと思っていない
［理由その2］行動が続かない要素が満載である
［理由その3］深く考えていない
［理由その4］たった一人で黙々とやる
［理由その5］どうありたいかが見えていない

ダイエットが失敗するこれら5つのワケと、仕事や勉強での目標が達成できず、計画倒れになってしまう理由は同じなのです。では、この5つを簡単に説明していきましょう。

［理由その1］本当にやせたいと思っていない

ある夫婦の会話です。

夫「あーあ。最近、腹が出てきたなあ。やせるために走るかな」
妻「言ってるだけで、どうせやらないんでしょ」
夫「そんなことないよ。やるさ。今回は」
妻「じゃあ、いつまでに何キロ減らすのよ？」
夫「……」

この妻の指摘は的を射ています。

ダイエットがうまくいかないのは、「本気の目標ではない」ことが原因の一つ。ほとんどの場合、本人も、心の中では「やせたらいいな」程度にしか思っていません。でもそれは「星に願いを込めて」と同じ、〝願い〟レベルのものでしかないのです。

ダイエットの成功には、**本気かどうか**が関係しています。

本気の人は目標をしっかり立てます。たとえば「1カ月で、体重を3キロ減らす」「3カ月で、おなかを5センチ引っ込める」など、期限を定め、具体的な数値を設定します。目標が明確でなければ「何をすべきか」が見えてこないからです。

その一方で、本気でない人は目標もあいまいです。そもそも「やせて健康になる」といったものは、目標ではなくて単なるスローガンです。これでは達成するはずがありません。

ただ、ビジネスの場でも、まったく同じようなことが起きています。たとえば「英語を勉強して、グローバルで活躍する」「部下を育成して、元気な組織にする」というのは、目標ではなく、単なる〝願い〟です。神棚に向かって拝むレベルにすぎず、実践には結びつかないのです。

［理由その2］行動が続かない要素が満載である

目標達成のためには、行動しなければ何も始まりません。ダイエットをしようとしたときに、考えられる行動は大きく2種類に分けられます。

それは、「走る」「筋トレをする」「スポーツジムに通う」といった「運動系」の行動か、または「食べる量を減らす」「炭水化物を抜く」「油っぽいものを避ける」といった「食事系」の行動の2つ。しかし、残念なことに、いずれも「行動が続かない要素」が満載なのです。

まず「運動系」の例として挙げた行動は、なぜ続かないのでしょう。理由は簡単。取りかかるのが面倒だからです。「今日は雨が降ってるし、明日から走ろう」「お酒を飲んじゃったし、筋トレは控えよう」と言っては、先送りしてしまいます。

三日坊主という言葉があるように、誰でも面倒なことは途中でやめてしまうもの。したがって、続けるためには、もっと簡単なことから始める必要があります。たとえば「通勤電車では立つ」とか「寝る前に5分腹筋をする」といったことをやる。**まず簡単なことから始めて、それを続けることができたら、次のステップに進めばよい**のです。

仕事の場面でも、同じようなことが起きています。私はのべ1万5000人以上の「目標達成に向けた行動実践」の状況を見てきましたが、最初から難易度が高い行動をしようとした人のほとんどが、途中でやめてしまっています。ハイレベルな行動より、まず簡単なことを続けることのほうが大切だということです。

次に、「食事系」の例として挙げた行動が続かない理由はなんでしょう。

それは、食事を制限することは心理的に苦しいからです。「食べない」というのは「○○しない」というネガティブな行動です。人間の心理的な特性として、「がまんすること」は苦しいので続かないのです。

そこで、**「○○しない」を「○○する」というポジティブな行動に変えると、続けることが簡単になります**。行動科学の世界でも「人間は気持ちのいいことを継続しようとする」という研究報告が多々あります。たとえば、「料理の工夫を楽しみながら、カロリーを抑える」というポジティブな行動に変換すると、ぐっと継続しやすくなります。「油分を使わない料理は、どうつくったらいいいんだろう」「豆腐だけでハンバーグをつくってみよう」と創意工夫すると、気持ちも上がり、楽しい気分になります。だから、続けることができるのです。

仕事においても、「絶対にミスをしない」といった、ネガティブな行動は苦しいものです。ずっと注意していなくてはならず、「また失敗するんじゃないか」と恐怖や不安を感じながら仕事をすることには、メリットもありません。だから続きません。

それよりも、「結果的にミスをしないためには、どんな行動を取ったらいいのか」と考えると継続することができます。「事前に仕事の段取りを先輩に相談する」「品質チェックリストを使い、部署全体で確認する」など、「○○する」という前向きな言葉で表される行動こそ続けることができ、結果として、「ミスをしなく」なります。

〔理由その3〕深く考えていない

ダイエットを続けていると、必ず壁にぶつかります。すんなり目標を達成する人は、まれでしょう。がんばっても体重がまったく減らなかったり、体重が増えたり減ったりする時期、いわゆる「踊り場」があったり、さまざまな行動を試してはまた別な方法に手を出したりと、紆余曲折があるものです。

目標達成までの道のりは、決して平坦な道ではありませんから、紆余曲折があっても、まったく問題はありません。

問題なのは、体重がなぜ減ったのか、なぜ減らなかったのかを考えていないこと。逆に言えば、**重要なのは「起こった事実をスルーせず、その理由をしっかり考えること」**なのです。

たとえば、「今日はここまで減ったか。よしよし、いい調子だ。でも、もっといい方法がないかな」「あれっ、体重が増えてきたぞ。悔しいなあ。理由はなんだろう？」と深く考えます。そして、目標達成の進捗状況や、過程で考えたことを文章にして記録することが重要です。目標達成に向けて、しっかり進んでいるのか、進まない理由は何か、別の方法はないか、と検証するのです。

仕事をしていると、いつも同じような失敗を繰り返してしまう人がいます。一方で、いつもよい仕事をする人もいます。その違いは、「一つひとつの仕事をやりっぱなしにしていないかどうか」です。

よい仕事をする人は、起きたことやその原因を文章にしてメモし、客観的に検証して、よりよい方法を見つけようとします。簡単にできた仕事であっても、「うまくいった原因」を追究することで、もっとよい方法を見つけようとします。その結果、成果の高い仕事につながり、目標達成も確実になるのです。

ところが、毎日バタバタと仕事をこなすだけで、深く考えていない人は、押し寄せてくる仕事の量に追われるだけで、仕事の質は一向に上がりません。その結果、目標達成ができない人になってしまいます。

〔理由その4〕たった一人で黙々とやる

「たった一人でやること」も、ダイエットがうまくいかない理由の一つ。うまくいってもいかなくても、誰も喜んでくれないのであれば、なかなかやる気が続きません。また、こっそりやめてしまっても、誰にも咎められません。これでは目標達成するはずがないのです。一方で、他人をうまく巻き込んでいる人は、楽しく行動を続けることができ、ダイエットに成功します。

たとえば、体重の記録をグラフにして、家の中に貼り出すのはどうでしょう。そして家族を巻き込み、毎日コメントしてもらうのです。「お父さん、最近、減ってきたね」なんて家族に言われたら、それは嬉しいことでしょう。ときには「あらら。ちょっとサボってない？　体重増えてきたよ」といった強烈な指摘もあるかもしれません。それでも一人でやるより、何倍も効果が大きいでしょう。

仕事においても、周囲の誰にも知らせず、たった一人で目標に立ち向かってもキツいだけ。周りの人からしても、知らなければ支援もできませんし、アドバイスをすることもできません。**常に目標達成できる人のほとんどは、周りを巻き込むことがうまい人**です。積極的に周りに自分の状況を話し、意見をもらいます。そしてその意見を活かそうとします。仕事の成果を高めるためには、人から学び取ることが重要。いつも達成する人は、自分の目標や行動を公開して、周りから「突っ込んでもらえる」環境をあえてつくり、他者から多くを学び取ろうとするのです。

〔理由その5〕どうありたいかが見えていない

ダイエットを成功させるために、多くの人は「毎日5キロ走る」「食事は軽めにする」などさまざまな行動を実践します。ところがうっかりするとその行動が目的化してしまい、目標を見失いがちになります。

効果的でない行動は、簡単なものにどんどん変えてしまってよいのです。最初からベストな方法が見つかるはずはありません。行動を変えていくことで、最適な行動を探し当てていくのです。

そして目標を達成したら、次の新たな目標を設定する必要があります。

先ほどの、ある夫婦の会話です。

妻「あなた、ダイエットに成功したの？」

夫「3キロ体重が落とせたよ。目標達成だ」

妻「あら、がんばったじゃない。ところで次の目標は何？」
夫「それは、んんーと」
妻「えっ、ないの？　それじゃ何のためにやせたのよ？」
夫「そりゃ、あれだよ……そうそう、家族のためだよ」
妻「あら、嬉しいわ」
夫「いつまでも健康で幸せに暮らしたいからね」

ダイエットの目的は、もしかしたらやせるためではなく、健康になって家族との幸せの時間をたくさん持ちたいからかもしれません。

日々のできたことの中には、自分の「ありたい姿」が隠れています。それを見つめていくと、成長プロセスが楽しくなっていきます。

なぜなら、自分のできたことを見て小さな達成感を感じることで、次へのモチベーションになるからです。そのためには、自分にとって何が喜びなのかと、「自分軸」でありたい姿を確認するとよいのです。

こうしていくうちに、自分の理想の姿にたどり着くのです。

以上が、ダイエットが失敗する5つのワケです。

これを仕事に当てはめると、「達成できない負のスパイラル」から抜け出すヒントになります。

このノウハウを獲得すれば、誰でも簡単に、自分をぐんぐん成長させることができるようになります。ダイエットが失敗する5つのワケのそれぞれをクリアする技術を、本書を通して身につけてほしいのです。

［その1］本当にやせたいと思っていない　↓　①「目標を立てる」技術

［その2］行動が続かない要素が満載である　↓　②「行動を続ける」技術

［その3］深く考えていない　↓　③「経験を振り返る」技術

［その4］たった一人で黙々とやる　↓　④「人と学び合う」技術

［その5］どうありたいかが見えていない　↓　⑤「自分の軸を見出す」技術

詳細はあらためて第1章以降で説明しますが、この5つの技術を身につけることによって、目標がラクに達成できるようになるのです。

02
誰でもラクして達成できる！5つの技術

人は誰でも、「成長したい」「自分の思うような人生を歩みたい」と願っています。しかし、願っているだけでは手に入りません。自分の力で勝ち取るしかないのです。

企業も、変化の激しい外部環境の中でも、自分の力で道を切り拓いて成長していく力強さを、社員一人ひとりに求めています。そのように自分を成長させる力を持つ人は、「自ら設定した目標を達成できる人」なのです。

5つの技術をサイクルにした「成長を楽しむ習慣」を身につければ楽勝

「目標を確実に達成するためには、PDCAを回せ」とよく言われます。「Plan-Do-Check-Action」という、「デミングの改善サイクル」と呼ばれるものです。これを目標達成に向けての行動に当てはめてみると、次のようになります。

P（Plan）………行動計画を立てる
D（Do）…………行動を実践する
C（Check）……達成度を検証する
A（Action）……行動計画を改善する

行動したらその成果を常にチェックし、問題があったら計画を見直していくというサイクルです。たとえば、「1年後にTOEICで900点を取る」という目標を立てた人がいたとします。これをPDCAに当てはめてみます。

P 「毎日、参考書で勉強する」という計画を立てる
D 毎日、参考書で勉強する
C 小テストを行い、実力を測ると、リスニングが弱いことがわかる
A 「リスニング教材を聴く量を増やす」という新しい計画を立てる

このように、目標に向けて計画・行動・検証・改善を適切に続けていけたら、きっと目標を

達成することでしょう。これが、ＰＤＣＡサイクルです。

ところが実際には、そううまくはいかない場合がかなりあります。その理由は、サイクルが途中で止まってしまうから。ＰＤＣＡは、サイクルを回し続けることで目標達成に近づいていくのですが、１カ月は続けられても、半年、１年続けるとなると、なかなか難しいのです。

これはなぜでしょうか？　理由としては、次のことが考えられます。

・やるべきことを忘れてしまう
・具体的な成果が見えない
・目標達成の意欲が下がる
・マンネリ化して飽きてしまう
・改善することが思いつかない

いずれにしろ、目標にたどり着く前に、行動をやめてしまうのです。とくに、一人でＰＤＣＡを回し続けることは、実はかなりハードルが高いといえます。

では、ＰＤＣＡサイクルを回し続けるためには、どうしたらいいのでしょう？

私はさまざまな行動の実践状況を分析しているうちに、**ＰＤＣＡサイクルを回し続けるためには、周りの人との関係性を利用する、「協調学習」という考えを取り入れることが有効である**ことを発見しました。サイクルを回し続けるために、周りを活用するのです。

変化の激しい多様性の時代では、自分だけでＰＤＣＡサイクルを長期間にわたって回し続けることが難しくなってきています。そこで、他者のさまざまな価値観や視点を取り入れることで、新しいアイデアが湧き、サイクルが止まりにくくなるのです。

要は、他者からの刺激を、どれだけ得ることができるかが勝負。そこで私は、他者との関係を利用するという観点に立って、**ＰＤＣＦＡというサイクルを考案しました。ＣとＡの間に、「フィードバックを取り入れる（Ｆ）」という要素を加えた**のです。

先ほどの「ＴＯＥＩＣで９００点」を目標にした人の例だとどうでしょう。たとえば、リスニングが弱いということを知った時点で、周りの人間からフィードバックを受けます。

「がんばっていますね。私も英語の勉強をしているんですが、同じようにリスニングが弱いんで、いつもスマートフォンで英会話の番組を聴くようにしています。通勤電車の中でも聴けるんで便利ですよ」

同じように英語の勉強をがんばっている仲間からの声には、勇気づけられます。また「スマートフォンで、いい番組が配信されている」という新しい情報を知ります。さっそく自分の行動に取り入れるかもしれません。

また別の人からもフィードバックを受けます。

「私の経験から言わせてもらうと、その勉強法では900点を取るのは厳しいと思います。そもそも、なぜ、いきなり900点を狙うんですか？」

強烈なフィードバックですが、ハッと気づかされます。「自分はなんとしても海外で働きたい。そのためにまずは確実に750点を目指そう」と決意を新たにします。

一人で孤軍奮闘しているときに比べて、断然、ラクに達成する状態に近づいているのがおわかりでしょうか。これがPDCFAサイクルの威力なのです。

目標達成する力は「能力」でも「根性」でもなく、技術（スキル）です。ただむやみにサイクルを回すだけで目標達成できるわけではありません。したがって「正しい技術」を学ぶことが必要なのです。「はじめに」でも少し触れましたが、ラクして達成する技術は、大きく5つに分類できます。しかも、それらは訓練可能であり、誰でも身につけることができるのです。その5つの技術は、PDCFAに当てはめると、次のようになります。

P「目標を立てる」技術
D「行動を続ける」技術
C「経験を振り返る」技術
F「人と学び合う」技術
A「自分の軸を見出す」技術

次章以降では、この「ラクして達成する人の5つの技術」をじっくり学びます。ここでは簡単に、本書全体の流れと、各章の概要を説明します。

第1章　ラクして達成する人の「目標を立てる」技術

期間や明確な数値のない目標は単なる「願い」にすぎません。問題・課題・成果という3つの言葉で整理された、「正しい目標を立てる技術」を解説します。

第2章　ラクして達成する人の「行動を続ける」技術

「ミスをしない」「顧客の信頼を獲得する」といった行動計画を立てても、実際の行動が続かないのはなぜでしょうか？　頭で考えることは行動ではありません。タイミングとアウトプットを使った、「行動を習慣化する技術」を解説します。

第3章　ラクして達成する人の「経験を振り返る」技術

自分を肯定的に見つめ、「成長欲求」のスイッチを入れましょう。自分を客観的に見つめながら、4つの要素を盛り込んで「経験を深く振り返る（内省する）技術」を解説します。

第4章　ラクして達成する人の「人と学び合う」技術

孤独は目標達成の敵です。そこで、他者との関係性を見直します。チームの価値は、相手へのフィードバックによってお互いの目標達成に関わること。行動によい影響を及ぼす「『気づき』を与え合うフィードバックの技術」を解説します。

第5章　ラクして達成する人の「自分の軸を見出す」技術

行動が続かなかったり、続いても目標に近づかなかったりした場合には、すぐに行動を変えます。そして、目標を達成したら、次の目標設定を行います。そのとき、自分軸で「ありたい姿」を確認します。成長のプロセスを楽しみながら仕事の質を追求するのがプロフェッショナル。自己成長のOSを書き換えるための、「自分の軸を見出し理想の姿にたどり着く技術」を解説します。

このように、それぞれの章が、PDCFAの5つの技術に対応しています。この5つの技術を身につけることで、あなたは「ラクして達成する人」になることができるのです。

それでは、まず第1章で、「目標を立てる」技術を解説していきましょう。

第1章

ラクして達成する人の「目標を立てる」技術

第1章のゴール

問題・課題・成果を整理し、行動目標を立てられる人になる

ラクして達成できる人とできない人は、実はスタート時点で勝負がついています。その分かれ目とは、すなわち「正しい目標を立てることができたかどうか」です。

正しい目標とは、単なる「願い」ではなく、より明確であり、自分で考えて立てた目標です。また組織の「ゴール目標」のように与えられた目標だとしても、それを自分自身の「行動目標」に落とし込んで設定できる技術が必要です。

目標設定のためには、「問題」「課題」「成果」の3つの言葉を、明確に理解する必要があります。あるべき姿（目指すべき結果や状態）と、現実とのギャップを「問題」と呼びます。「課題」は、優先度が高い問題を解決するために取り組む内容。「成果」は、課題に取り組んで得られる結果であり、達成期限と達成基準が表現されているものです。そして、この3つの言葉を組み合わせてできた、より行動に結びつきやすい目標を「行動目標」と呼びます。

この章では、「ゴール目標から、問題・課題・成果を整理して自分自身の行動目標を立てる」スキル、つまり「行動目標を立てる力」を身につけます。

第１章の全体マップ

Start

正しい目標の立て方がわからない

↓

目標の「正しさ」を確認　01

目標に日付が入っているか？
自分で前向きに書いたのであれば積極的に取り組める
「上から下りてきた目標」をどう「自分の目標」にするか

↓

行動目標をつくる４ステップ　02 03

ステップ①　「問題を洗い出す」
ステップ②　「問題を選ぶ」
ステップ③　「課題を設定する（原因を追究する）」
ステップ④　「成果を明確にする」

↓

成果についてもう一度考える　04

課題設定に誤りがないか
仕事の手段を目的化していないか
目標のテーマは２つに絞り込む

↓

Goal

「行動目標を立てる力」

問題・課題・成果を整理し、正しい目標を立てられる人になる

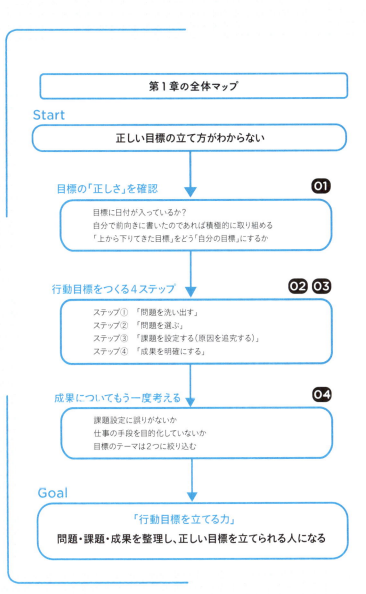

Point 01

「日付」の書かれていない目標は、単なる「願い」である

ラクして目標が達成できないのは、あなたの努力が足りないのではなく、そもそも「正しい目標」でなかった可能性があります。ここではまず、「正しい目標」とは何かを解説します。

目標の「正しさ」をチェックする

みなさんは今、どんな目標を立てていますか？　プライベートでは「お金を貯めて旅行に行く」「やせてカッコよくなる」「家族をつくって幸せになる」、ビジネスでは「商談スキルを上げ営業成績を上げる」「英語力をつけて海外出張に備える」「部下を育成し、活気ある組織にする」などの目標を立てていると思います。

ところが、なぜか達成できる人とできない人に分かれます。なぜでしょうか？

実は**目標をラクして達成するには、目標自体が正しい状態になっている必要がある**のです。

今、あなたの目標は「正しい」でしょうか？

目標を立てたとき、「本当にできるかな」と不安になることもあるでしょう。しかし、不安は解消できます。そのためには、「正しい目標」を自分で立てることができる技術を身につければよいのです。

正しい目標とは自分自身で立てた「行動目標」のこと

では「正しい目標」とはなんでしょうか？

それは自分で納得して立てた目標です。そして自分自身の価値観に沿った目標です。

たとえば、極端な例ですが、「無理やり人をだまして1000万円売り上げる」と言ったらどうでしょう。人をだましてお金を稼ぐことなんて意味がなく、まったくあなたの価値観に沿わないことでしょう。それは、正しい目標ではありません。

つまり「自分はこれを必ず達成したい」と強く思える目標を設定することが大切なのです。ここでは、**組織やチームの1年後や3年後などの中長期の目標を「ゴール目標」というのに対し、自分で立てる半年や四半期や1カ月後など短期の目標を「行動目標」と呼びます。**

チームや組織に与えられたゴール目標を見たとき、「やるぞ！」という気持ちよりもプレッシャーを強く感じてしまい、不安になることもあるかもしれません。それが、果敢にチャレンジし、大きな成長を目指したゴール目標であるのにもかかわらずです。

でも、心配はいりません。「無理だ」と思う前に、この章の技術を身につけて、「ゴール目標」をまず自分自身の「行動目標」に落とし込めるようにすればよいのです。格段に達成しやすくなりますし、比較的短いタームで一つひとつ達成していくことで見えてくるものがたくさん出てきます。あるいは、自分が伸びすぎて、組織の考えを上回る目標設定をすることだって可能となるのです。それもまた成長です。

自分で書いたのか、誰かに書かされたのか

ここで、今のあなたの行動目標が「正しい目標」かどうかチェックする簡単な質問をします。

「その目標には、日付が入っていますか？」

「目標」には、いつまでに達成するのかという期限が必要です。もし日付が書かれていなかったら、それは目標ではなく、単なる「願い」です。

もしあなたの目標に日付が書かれていなかったら、すぐに達成期限を入れましょう。

さて次の質問です。「日付を入れたとき、どう感じましたか？」「楽しくてワクワクした」といった前向きでポジティブな感情が湧いてきたとしたら、その目標は「正しい目標」です。逆に、「嫌な気分になった」といった後ろ向きでネガティブな感情になったとしたら、その目標は「正しい目標」ではない可能性があります。

このように、目標に「日付」を入れたときの自分の心の動きを観察すると、「正しいかどうか」がわかります。自分にウソはつけないものなのです。

この「ワクワクと不安」という感情の違いは、「自分でつくった目標」か「他人につくらされた目標」か、という違いに基づいています。自分自身で前向きにつくったのであれば、目標自体に取り組む姿勢も前向きになります。なぜなら、どのように自分の才能を開拓するかを自分

で設計していることにほかならないからです。一方、他人に書かされた目標は、つくった時点でやらされ感があり、取り組む姿勢も消極的になりがち。これでは達成するはずがありません。「正しい目標」とは、自分自身で前向きにつくったものに限られるのです。

ただ、プレッシャーがあるのは当然のことです。初めてチャレンジする目標は「不安」がつきもの。そんなときも〝この目標を乗り越えたら自分はこうなれる〟と自分の成長イメージを持つことが大事です。そして不安をなくすためにこそ、課題を明確にして自分で行動目標を設定できるようになることが大切です。

あるアフリカ原住民の寓話があります。草原で狩りをしていたら、「毛がもじゃもじゃ生えた怪獣」が現れ、仲間が噛み殺された経験から、その生き物をひどく恐れていたというのです。ある日、一人の原住民が「あの怪物を〝ライオン〟と名づけよう」と言いました。すると、恐れはなくなり、単に「気をつける相手」に変わったそうです。つまり、何者かよくわからないものは怖いのですが、それが明確になったとたんに向き合えるようになるのです。

日付を入れたことによる「不安」から脱するためには、問題や課題を明確にする技術を習得するとよいのです。

会社のミッションを自分のモノにする技

組織やチームに属している人であれば、自分が所属する組織の目標から落とし込んで、個人の目標を立てることも多いと思います。その場合、たとえ会社の上のほうから下りてきた目標であったとしても、自分自身で前向きな「正しい目標」とすることは可能です。「上」から下りてくる目標は、役割によってさまざまです。専門的には「役割期待」というのですが、「その組織に所属する限り、組織の目標を成し遂げるための役割がある」ということです。給料を得る立場であれば当然です。

若手であれば、まず仕事が一人でもできるようになることを求められますし、リーダーであれば、部下を育てて組織全体の成長に貢献することも求められます。

問題は、その「組織から与えられたゴール目標」を、どのように「自分でつくった行動目標」に落とし込むかです。

たとえば、ある若手営業パーソンに組織から与えられたゴール目標が「担当商品を今期３０００万円売り上げること」だとします。そしてこの数字が簡単ではないとします。そうなると、達成までにはさまざまな問題を解決していく必要があるでしょう。

ポイントは、３０００万円というゴール目標を達成するために、まず達成すべき行動目標の設定はあなた自身に任せられているということ。つまり、自分で考える必要があるのです。「３０００万円を売り上げる」ためには、さまざまな課題に取り組む必要があるでしょう。たとえば、「商品の知識を身につけコンサルティング提案をできるようになる」「自分でオリジナルの提案書をつくれるようになる」「決裁権のある人と毎週商談ができるようになる」など、営業パーソンとして必要な課題を挙げていく必要があります。まさにこれは自分の才能を開拓していくことにほかなりません。

ここで大切なことは、自分で考えること。自分で考えて納得するからこそ、達成にコミットした行動目標となるのです。

それでもなお、やらされ感、受け身感から脱せない方もいると思います。ときには環境が悪い、上司が悪いと他責思考に陥ることもあるかもしれません。そんな状況でも、与えられた目標を自分自身の目標に転換するよい方法があります。それが「成長イメージを持つ」ことです。「達成したとき、自分はどんな姿にステップアップしているのか？」と考えるのです。

たとえば先ほどの若手営業パーソンの場合、目標達成したときに「営業パーソンとしての基礎的な技術をすべて身につけて〝頼りになる人〟と周りの信頼を得ている」といった具合です。またエンジニアであれば、「難易度の高い技術に挑戦し、次世代に通じる最先端技術力を獲得している」という例もあるでしょう。場合によっては「自分が発案したプロジェクトが認められてリーダーとして抜擢される」可能性も出てくるかもしれません。

要は、目標達成をしていくということは、それにつれて、やりたいことが自分でやりたいようにできるようになるということ。だからこそ、自分なりの武器を手に入れるために、自分で行動目標の設定を行うことが必要なのです。

そして、自分がワンランクステップアップした姿をイメージすることで、自分の可能性に期待できるようになり、「成し遂げたいと本気でワクワク思える」目標として自分自身のものになります。

当たり前ですが、組織と個人はどちらも大切ですし、打ち消し合うものではなく、高め合うことができる関係です。つかみどころのない夢を無理矢理追いかけることで悩むより、目の前の仕事を、自分らしく工夫して取り組むほうが成長につながり、結果的に理想の姿をつかみ取っていけるものなのです。

Point 02

ラクして達成できない人の9割は「問題」と「課題」の違いを知らない

「行動目標」を立てるためには、4つのステップがあります。まず現状と「あるべき姿」の間に存在する「問題」を抽出し、その中の優先順位が高いものを選別する方法を説明します。

「問題」「課題」「成果」の3つの言葉を整理する

「行動目標」を立てるためには、「問題」「課題」「成果」という3つのキーワードを理解する必要があります。まず例を見てみましょう。

ある高校野球チームは、甲子園出場を目指しています。ところがいつも地区大会で1回戦負けなのです。攻撃力・守備力・チームワークなど、問題はたくさんあります。

多くの問題の中から、「エラーが多すぎて試合が成り立っていない」ことを受け、まず解決しなければならない問題として「守備力」を挙げました。そして、なぜ守備が弱いのかを分析したところ、他校より圧倒的に足腰が弱いことを発見しました。

そこで課題として、この半年は徹底的に足腰を鍛えることにしました。

その成果として次の春季大会の1回戦では「エラーゼロ」の試合を目指します。

この話の中には、「問題」「課題」「成果」という3つのキーワードが出てきました。目標がラクして達成できるかどうかは、「目標自体が正しい構造になっているかどうか」に左右されます。

そして、**正しい構造の目標とは「問題と課題と成果」が入ったものをいいます**。

正しい構造の目標のことを、ここでは通常の目標と対比して「行動目標」と呼びます。目標達成には行動が重要なことは明白ですが、その行動に結びつきやすいのが「行動目標」です。

行動目標をつくる方法は、次の4つのステップに分けられます。このあと、順を追って説明していきましょう。

①問題を洗い出す
②問題を選ぶ
③課題を設定する（原因を追究する）
④成果を明確にする

行動目標作成のステップ①「問題を洗い出す」

「問題を洗い出す」ことについての解説をする前に、まず「あるべき姿」というものについて説明します。「あるべき姿」とは「目指すべき結果や状態」のことです。組織から与えられた「ゴール目標」や「役割期待から与えられる目標」もこれに当たるでしょう。

たとえば、「売上をここまで伸ばす」「リーダーとして組織をこういう状態にする」といった、いつまでにどのような結果や状態を生み出しているべきかというのが「あるべき姿」です。そして**「問題」とは、「あるべき姿」と「現状」とのギャップ（差）のこと**です。

問題＝あるべき姿（目指すべき結果や状態）－現状

先ほどの高校野球の例だと、甲子園出場が「あるべき姿」となります。一方で、現状は、「1回戦負け」です。この差を「問題」と呼ぶのです。式として表すと次の通りです。

問題＝甲子園出場－地区大会1回戦負け

甲子園に行く強いチームと、地区大会1回戦負けの弱小チームの差は、どこにあるのでしょ

問題の洗い出し：あるべき姿と現状の差

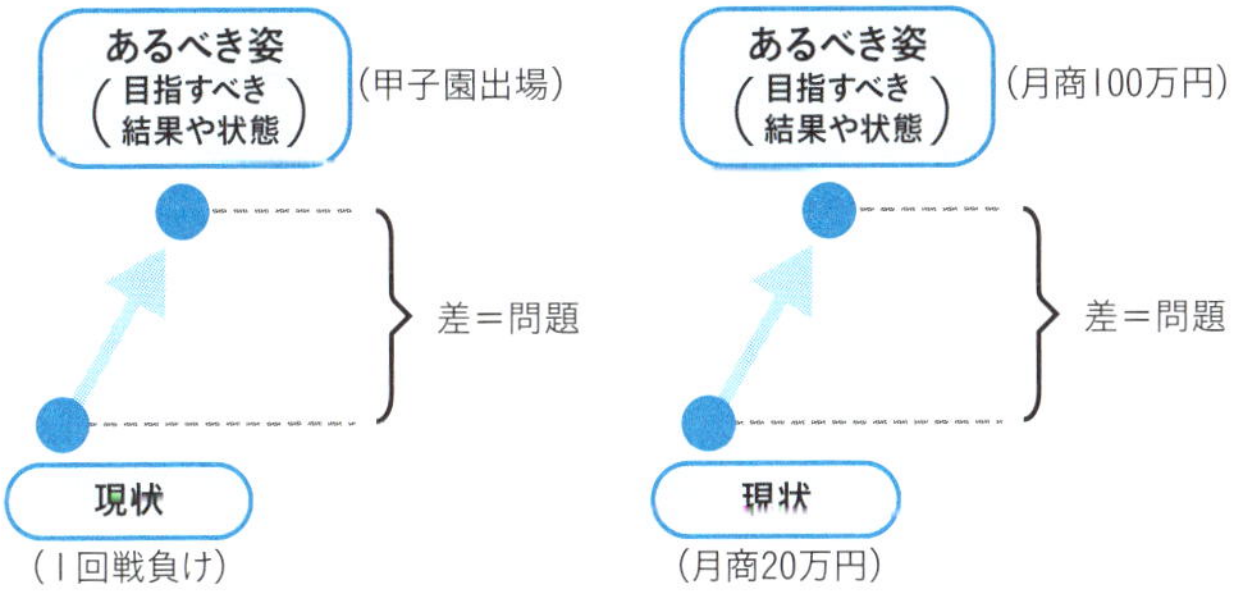

問題の洗い出しのポイント

① あるべき姿（目指すべき結果や状態）を定義する
② 現状を捉える
③ あるべき姿と現状の差＝問題を、すべて洗い出す

う。まず、考えつく限りの事実を確認して、「差」を見つけます。

この時点で、解決の難易度を考えてはいけません。これを考えると本質が見えなくなってしまうからです。ここでは、事実だけを捉え、考えられるすべての差を洗い出します。

「打撃が弱い」「守備が弱い」「チームワークが悪い」「練習グラウンドの状態が悪い」「道具が古い」「部員が少ない」――このように、問題はたくさん見つかれば見つかるほどよいのです。

同様に、月商１００万円が「ゴール目標」の営業パーソンの場合で考えてみましょう。現状は、月に20万円の売上しか挙げられていませんでした。

問題＝ 月商１００万円 － 月商20万円

その差は80万円です。では何が問題なのでしょうか。「あるべき姿」と「現状」の差となる事実を挙げてみると、「商談の数が少ない」「商品の単価が低い」「担当エリアが広すぎる」「顧客に商品の魅力を理解してもらえない」――といった問題が挙げられました。

このように、問題が多く見つかったことで、ちょっと気が重くなるかもしれませんが、心配いりません。**問題が多いということは、「見えないものが見えてきた」ということですから、むしろよいこと**なのです。

問題を洗い出す際には、仕事の特性から見たいくつかの視点で分類するのもよい方法です。たとえば下図のようにビジネスで重要な「QCD」、つまり、Q（Quality：品質）、C（Cost：コスト）、D（Delivery：納期）の視点です。QCDはもともと生産管理の分野で重視すべき視点でしたが、現在ではさまざまな仕事に当てはまる重要な視点として広く利用されています。

行動目標作成のステップ②「問題を選ぶ」

先ほど、「洗い出した問題は多いほどよい」と言いましたが、**問題が多すぎて立ち往生してし**

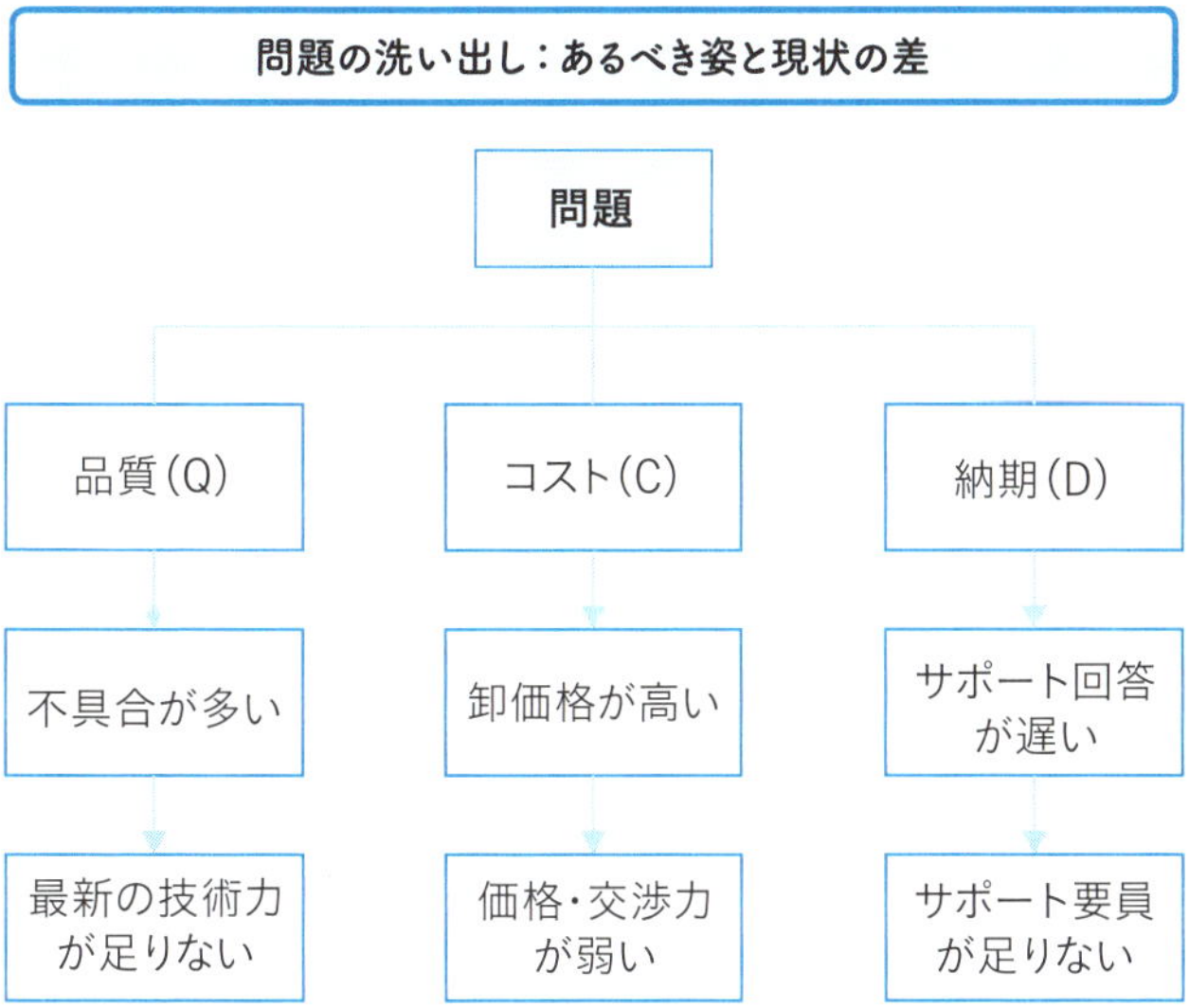

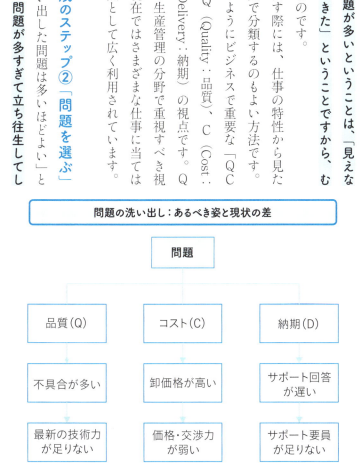

まうのは、「すべての問題を一気に解決しようとしているから」です。

ラクして達成するためには、あれもこれもと手を広げずに、解決すべき問題を絞り込んでいきます。このように、問題に優先順位をつけて、「問題を選ぶ」という作業を行うのです。

ビジネスの状況や置かれた環境によって、優先順位のつけ方はさまざまですが、次の3つの点に関しては、無条件に優先順位を最上位に持ってくる必要があります。

①結果的に、重大なリスクをもたらしかねないもの

［例］ある工場で電源設備が老朽化しており、放置すると工場がストップする危険性がある場合、何よりも先に、電源設備の刷新をしなければなりません。

②業績に著しくインパクトのあるもの

［例］営業パーソンの訓練不足で、このままだと今期の売上目標が未達成に終わりそうなときには、何よりも先に、営業パーソンのスキルを上げる訓練を行わなくてはいけません。

③そこを解決しないと、次に行けないもの

［例］ソフトウエアの不具合に対処しないと顧客のクレームが収まらず、新しいシステムの提案すらできないときには、まずソフトウエアの品質を向上させる手を打つ必要があります。

これらのような緊急事項がなかった場合は、どれから手をつけたらいいか迷うでしょう。そのようなときは、周りにヒアリングして、どれから手をつけることが有効か調査したり、場合によっては他部署にも聞いてみたりしてもよいでしょう。

周りに聞いても優先度が不明だった場合は、**「解決するのが一番簡単な問題」**を選ぶとよいでしょう。目標を達成する「クセ」をつけていくためにも、難易度が低いものから選び、どんどんラクして達成していくほうがよいのです。

このようにして、数多く洗い出された問題から、優先的に解決すべき問題を選んでいきます。

問題を選ぶということは、選ばれなかった問題をないがしろにすることではありません。むしろその逆で、一つの問題を解決することで、その他の問題も解決できてしまうというのは、よく起きることです。

したがって、まずは問題を絞り込んで、確実に目標達成に向かうことが大切なのです。

Point 03

「期限」と「基準」の2つがなければ行動目標とは呼べない

問題が発生している根本原因を追究したら、それを「裏返す」と、取り組むべきことが見つかります。それが課題です。さらに、成果の２つの要素、「達成期限」「達成基準」を設定したものが行動目標です。

行動目標作成のステップ③「課題を設定する（原因を追究する）」

次は、「課題を設定する（原因を追究する）」です。「優先的に解決すべき問題」を選んだら、その問題が発生している真の原因を考えるのです。

原因の追究をするためには、次の問いが有効です。

「なぜ、その問題は発生しているのか？」

それを追究して、判明した根本原因を解決することが、取り組むべき「課題」となります。

先ほどの野球の例ですと、エラーが多くて試合が成り立っていない状況から、優先的に解決すべき問題は「守備が弱いこと」となりました。

そこで「なぜ守備が弱いのか？」と考えていきます。「なぜ？」を繰り返しながら、「足腰の弱さ」が根本原因であったことを突き止める。そしてその根本原因を〝裏返して〟、「足腰を徹底的に鍛える」ことが課題になるわけです。

月商１００万円を目指す営業パーソンの例でも説明しましょう。優先的に解決すべき問題は、「顧客に商品の魅力を理解してもらえない」ことと設定したとします。

そこで「なぜ商品が理解されないのか?」という問いを繰り返したところ、商品を十分に理解していない営業パーソンの「商品知識不足」が根本の原因であることが判明しました。そこで、問題を解決するために取り組むこととして、「商品知識を身につける」という課題を設定するのです。

原因を追究していくときには、「**特性要因図**」を使うことも有効です。これは、ある問題にどのような原因があるのかを探るためのテクニックです。問題を引き起こしている原因を図解化し、問題点を把握していく手法です。図の形から「魚の骨(フィッシュボーン・ダイアグラム)」とも呼ばれます。品質管理手法で有名な「QC7つ道具」のうちの一つです。

特性要因図のつくり方は、次のような流れです。

①特性(問題選択・解決すべきテーマ)を決める
②要因の種類(大骨)を書く
③要因の原因(中骨)を書く
④原因の根本原因(小骨)を書く
⑤漏れを追加する

特性要因図（フィッシュボーン・ダイアグラム）

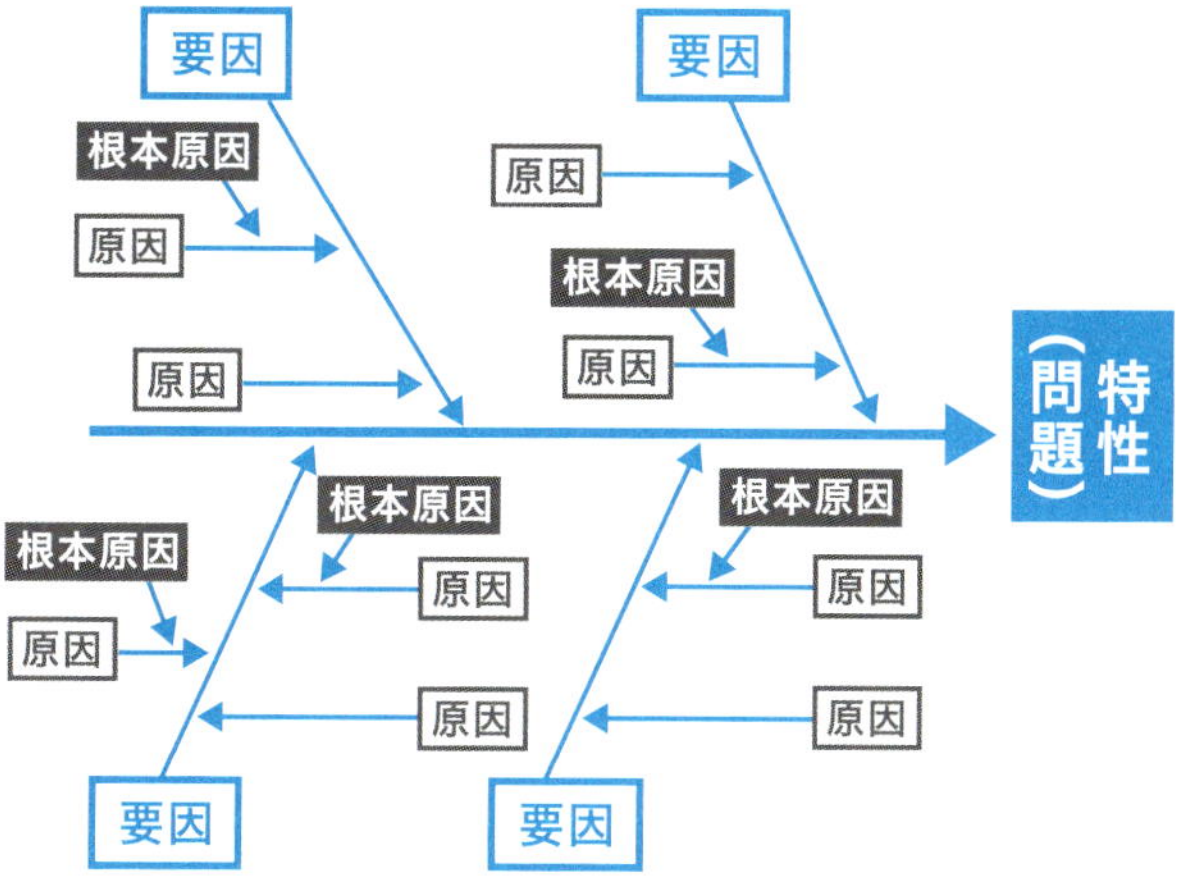

月商100万円を目指す営業パーソンの例

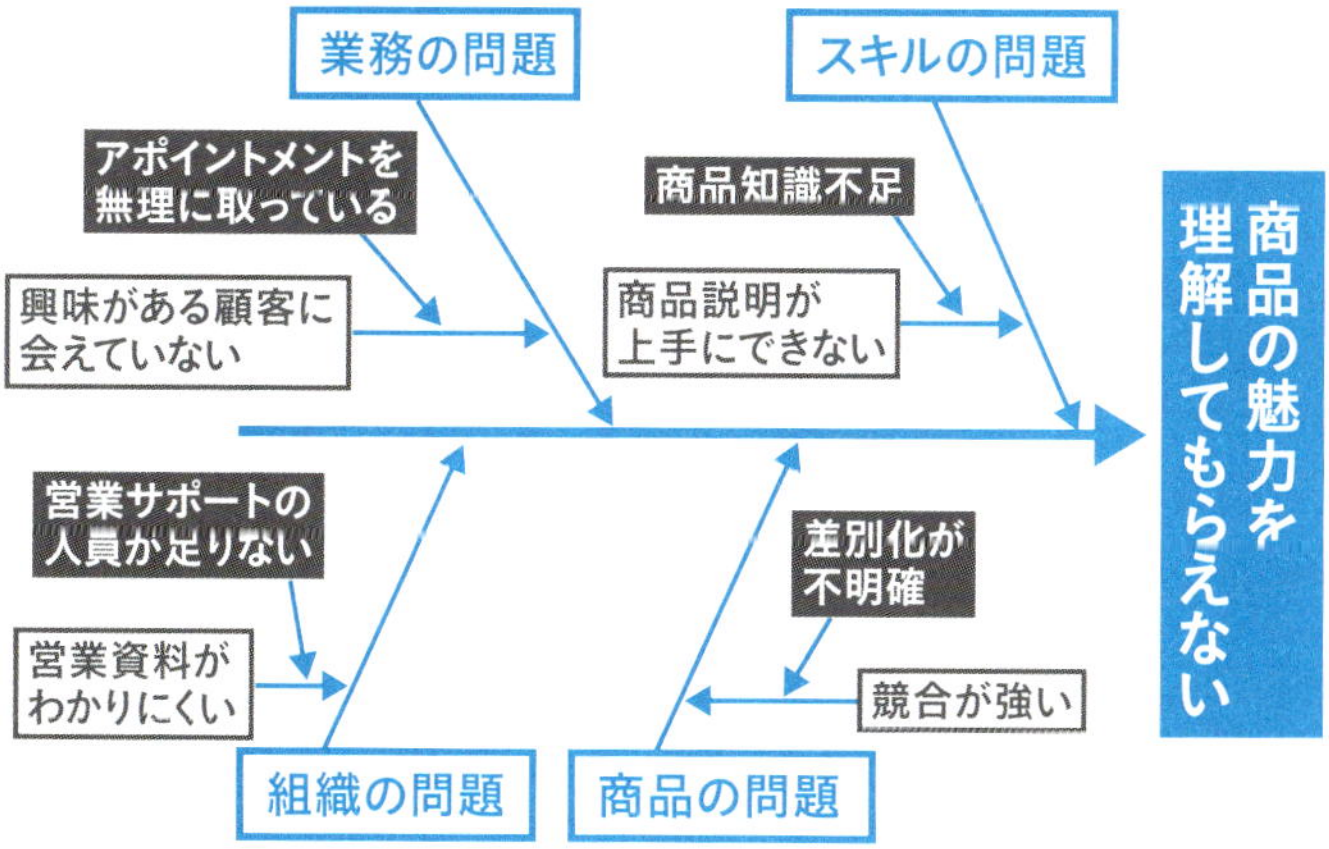

このように原因を深掘りすることで、問題が発生している根本原因を追究していきます。
通常、特性要因図の大骨である「要因」は、次の「4M」を基本として分類します。

・機械（Machine）
・方法（Method）
・材料（Material）
・人（Man）

これはもともと製造現場の言葉ですが、たとえば営業などの業種の場合は、次のように、スキル・業務・商品・組織に置き換えることができます。

Machine→【スキル】営業担当者の能力の問題
Method→【業務】営業活動の仕事の流れの問題
Material→【商品】売っているものやサービスの問題
Man→【組織】所属する部門やサポートの問題

先ほどの図のように、特性要因図による分析の結果、「顧客に商品の魅力を理解してもらえない」という問題の原因として、「商品知識不足による説明下手」「サポート人員が足りず営業資料がわかりにくい」といった根本原因が見つかります。これを〝裏返す〟と「商品知識を身につける」「差別化された営業資料づくり」などの課題が設定できるのです。

行動目標作成のステップ④「成果を明確にする」

行動目標作成の最後のステップは、「成果を明確にする」です。**成果とは、「設定された課題に取り組んで、得られる結果」**です。このステップは**成果設定**とも呼ばれます。

「達成期限」と「達成基準」が、成果設定で必ず含めるべき2つの基本要素です。

「達成期限」は文字通り〝年月日〟で表すもの。来年や3月上旬というあいまいな表現では「達成期限」とは呼べません。「達成基準」とは、どのレベルを達成するかということ。これも計測可能でなくてはいけません。〝数値目標〟もその一つです。たとえば、次のようなものです。

「今年3月31日までに、TOEICで900点を取る」
「12月末日までに、在庫率を5％削減する」

いずれも、「達成期限」として〝日付〟が明確なのはもちろん、「達成基準」として〝数値目標〟が明確になっています。

成果設定では、客観的に見て達成したかどうかを、常に正確に判断できる必要があります。人によって「達成している」「達成していない」と判断がバラバラになってしまうようなものは、適切ではありません。**誰でも同じように判断できる「達成基準」が必要**なのです。

先ほどの野球の例であれば、成果は、

「次の春季大会の1回戦で〝エラーゼロ〟の試合を実現する」

です。「達成期限」と「達成基準」として〝数値目標〟が含まれています。

一方「月商100万円を目指す営業パーソン」の場合の成果は、先ほどの特性要因図による課題設定から考えると、たとえば次のようになります。

「8月31日までに、一人で商品をお客さまに説明できるようになる」

このように、スキルアップ目標の場合、「○○できるようになる」という形の目標も行動目標になり得ます。そのときは「達成基準」があいまいになりやすいので注意が必要です。

この例では、「達成基準」としては、〝一人で〟という部分がそれに当たります。「お客さまに説明できる条件」を規定しているからです。これなら成果設定と呼べます。

ほかにも、〝自作した営業資料を使う〟〝商品の魅力を5分で理解してもらえる〟などの「基準」も考えられます。すると、次のようになります。

「8月31日までに、自作した営業資料を使って商品の魅力を5分で理解してもらえる説明ができるようになる」

行動目標を理解する上で最も重要な点は、このように「達成基準」が変わると、目標達成のための行動計画も変わるということです。「自作した営業資料を使って」という条件が入るから「資料づくり」が実際の行動計画になりますし、「5分で理解してもらえる」という条件が入るから「短時間で説明を行うトレーニング」が行動計画となるのです。

「一人で」という条件だけだったら、このような行動計画がされることはないでしょう。

よって「達成基準」が不明確な目標は、行動もあいまいになり、成果が出にくいということになります。そして、このように達成基準が明確なほど、周りの目で見て達成したかどうかを客観的に判断できるようになり、達成状況もわかりやすいので、周りからの支援も受けやすくなるというメリットも得られるのです。結果的に、ラクして達成できるということです。

行動目標は「問題」「課題」「成果」の3つを組み合わせてつくる

以上、行動目標をつくる4ステップを解説しましたが、あらためて、行動目標は、**「問題」を解決するため、「課題」を行い、「成果」を実現する**といった、3つの言葉を組み合わせることで成立します。このような構造になっている目標こそが、行動につながる行動目標なのです。

▼野球チームの例

［あるべき姿（目指すべき結果や状態）］　甲子園出場
［優先的に解決すべき問題］　守備が弱い
［設定された課題］　足腰を徹底的に鍛える
［成果設定］　次の春季大会の1回戦でエラーゼロの試合を実現する

↓

【行動目標】守備が弱いことを解決するため、足腰を徹底的に鍛え、次の春季大会の１回戦でエラーゼロの試合を実現する

▼営業パーソンの例

［ゴール目標］　月商１００万円をクリアする
［優先的に解決すべき問題］　商品の魅力が理解してもらえない
［設定された課題］　商品知識を身につける、差別化された資料づくり
［成果設定］　８月末までに商品の特徴をお客さまに５分で説明できるようになる

↓

【行動目標】商品の魅力を理解してもらえるよう、商品知識を身につけ、差別化された資料をつくり、８月末までに商品の特徴をお客さまに５分で説明できるようになる

このように、**確実に行動につながる行動目標を設定することが、ラクして達成するには非常に重要**なのです。

Point 04

「成果」を考えると、仕事は一気に減る

仕事をする上で、いつの間にか手段が目的化してしまうのはよくあること。しかし「成果」から考えると、意外に減らせる仕事は多いのです。目標も同じで、欲張りすぎるのはNG。絞り込み方が重要です。

成果を現実的に考えると、課題設定の誤りに気がつく

「問題」に優先順位をつけ、絞り込み、その原因を考えて、「課題」を設定することを説明しました。

この「問題」→「課題」→「成果」と順番に考えていくステップは、わかりやすいのですが、現実とズレることがあるので注意が必要です。その場合は、成果設定を再度考えるために、問題や課題を設定し直すことになります。

たとえば、情報システムの会社に勤めていて、来年度からの海外赴任が決まり、外国で活躍する姿を目指している人を例にします。

〔あるべき姿〕海外支店にて、外国人メンバーたちとうまく仕事をしている状態
〔現状〕ずっと国内の支店で働いてきたが、急に海外赴任が決まった
〔問題〕メンバーを育成・指導する力が不足している
〔優先的に解決すべき問題〕指導力不足
〔設定された課題〕語学力の向上
〔成果〕今年度末の３月31日までに、ＴＯＥＩＣで９００点を取る

この場合、彼の行動目標は、

「指導力を身につけるために、語学力の向上を目指して、今年度末の3月31日までに、TOEICで900点を取る」

というものでした。確かに「問題」「課題」「成果」の3つが入っている目標です。

ところが、彼はまだ高度プロフェッショナル関連の資格も取っていないという状況でした。いくら英語ができたとしても、専門的な知識がなければ、指導はできません。

そこで彼は、まず成果設定を「プロジェクトマネージャ試験に合格すること」に置き換えました。すると課題設定も変わり、行動目標は現実に沿った、次のようなものに変わりました。

「まずマネジメント力を身につけるために、今年の12月20日までにプロジェクトマネージャ試験に合格する」

このように、成果設定がマッチしているかどうかをチェックすることで、問題や課題の設定の誤りに気づくことができます。その場合、再度、問題や課題にさかのぼって考え直すことも必要になります。

「仕事の生産性」が一番高いのは、「その仕事をしない」こと

ここで一つ質問です。「あなたが設定した行動目標は、本当にあなたの仕事なのですか？」

目標を達成するために、仕事のムダをなくし、生産性を上げることは重要です。そのためには、次の3つの点であなたの仕事をチェックするとよいでしょう。

・その仕事と別の仕事を、一緒にできないか考える（合併）
・その仕事を、ほかの人に任せられないか考える（委譲）
・その仕事をしなくても、成果が出せないか考える（中止）

この3つはいずれも仕事の〝時間〟をゼロにしています。時間がゼロになるということは、仕事の生産性は無限大となるということ。**目標をラクして達成するためには、かける時間をゼロにして、別の方法で成果を出すことを考えるのも有効**なのです。

ここでは、生産性の視点で、成果の設定を見直して、目標を効率的に達成した例を見てみましょう。

私は以前に勤務していた会社で、ある経理システムを、大手企業の関連会社200社に導入する仕事をしていました。

前任者は、1社あたりの導入に1週間かけていました。自分でやってみると、サーバーにシステムをインストールするのに2日かかっていることがわかりました。サーバーはアメリカからの船便で、大きな段ボールに入って届きます。それを開けてハードディスクにOSやアプリケーションソフトをインストールしたあと、また段ボールにしまって各地に輸送していました。

何が大変かというと、その段ボールの開け閉めなのです。複雑な部品が多いので、わかりやすく、きれいに開梱、梱包するのに、とても手間がかかります。

私はなんとかラクできないかと、そのサーバーがどのような物流に乗っているのかを調べてみました。すると、船積みから降ろされて保管される場所は、東京の平和島にある倉庫でした。そこでは検査員が、いったん段ボールの中身を開けて、サーバーの電源が入るかどうかをチェックしていました。そこで私は検査の担当者に会いに行き、とても簡略化したインストール手順書を手に、「ついで」の作業をお願いしたのです。

「チェックのとき、このテープを入れて、リターンキーを押してください（当時の記録用メディアはＤＶＤではなく、テープでした）。30分待てば、『End』と表示されますので、簡単です。よろしくお願いします」

最初は協力的でなかった検査員も、何度も足を運ぶことで了承してくれました。ソフトがインストールされたサーバーは、その平和島の倉庫から、直接、顧客企業に輸送されるようにしたので、私は現地での設置指示をするだけでよくなったのです。これで１週間のうち、２日分の仕事を浮かすことができました。検査員の30分の作業で、システムエンジニアの２日間の仕事を削減することができたのです。会社全体としても、利益になっています。

これは、成果設定を変えることで、生産性が上がったという事例です。つまり、

［旧・成果設定］毎週、サーバーにソフトウエアをインストールして輸送する
［新・成果設定］毎週、お客さまに、ソフトがすでにインストールされたサーバーを届ける

と成果設定を変えたということです。

それまでは、「サーバーへのインストール作業」という手段を目的化してしまっていました。

ひとたび手段が目的になると、黙々と作業することになんの疑問も持たなくなってしまいます。たとえ多くの時間が使われていても、「これはムダではないか?」と気づけないわけです。

新しい成果設定では、目的を「お客さまに届けること」としたので、インストール作業自体は、目標達成のための単なる手段となり、他者に任せることで大きな改善ができたのです。

つまり、**成果をどう捉えるかによって、時間の使い方が変わり、仕事の生産性は大きく変わります**。もしも成果の設定を誤ると、ムダな仕事につながることもあります。一方で、正しい成果設定をすれば、生産性が高まります。結果、ラクして達成する近道となるのです。

「目標のテーマは2つに絞り込む」

ここで一つ注意点があります。成果設定をいろんな視点で考え出すと、「あれもこれも」と欲張ってしまい、4個も5個も目標を立ててしまうことがあります。実は、目標を立てすぎるとすべてが頓挫してしまうという現実があります。

私が携わってきた目標達成や行動実践のデータを分析してみると、**同時に追いかける目標は2つ程度に絞り込んだほうが達成しやすい**という事実がわかりました。絞り込むべき2つのテーマとしては、たとえば、次のようなものが挙げられます。

- 「専門性」と「人間性」
- 「業務面」と「自己成長面」
- 「業績関連目標」と「部下育成目標」

つまり、「直接的に業績に関係あるテーマ」と「間接的につながっているテーマ」の2つです。

直接的なテーマとは、たとえば営業職であれば、「売上や面談回数」など営業活動に関係する目標になりますし、開発職であれば、「出荷数や製品品質」など製造活動に関係ある目標なります。サービス職であれば、「顧客満足度やクレーム数」などサービスに関係あることがテーマになるでしょう。

一方で、間接的なテーマは、たとえばスキルアップや人材育成や業務改善などが該当します。「〇〇の資格を取る」や「〇〇を覚える」といった自己成長的なことや、「業務プロセスを改善して在庫率を削減する」など業務の効率を上げるためのプロセス改善が目標のテーマになり得ます。また部下育成やアウトソーシング先（アルバイトや業務委託）の開拓なども挙げられます。いずれも組織全体の効率を上げるためのテーマとなります。

このように、直接的なことと間接的なことの2つに目標のテーマを絞り込むと、より目指すものが明確になり、目標を達成しやすくなるのです。

よくある失敗例としては、テーマをたくさん挙げすぎてしまうことがあります。たとえば大企業の新任リーダーの場合、研修期間として1週間ほどが取られ、リーダー行動・理念浸透・CS（顧客満足）向上・コンプライアンス・メンタルヘルス・BSC（バランススコアカード）・コーチングなどさまざまなことを学びます。このテーマすべてに目標を設定してしまうと、何に注力していいかわからず総花的になり、結局どれも達成せず失敗することになるのです。

とくに目標管理制度と連動させる場合に、このような失敗に陥りやすくなるので注意してください。

目標のテーマは「2つに絞り込んで集中して達成する」という考えが重要です。PDCFAサイクルは「サイクル」なので、目標を達成したらまた新しい目標を設定すればいいだけです。よって、小さなテーマを設定して、どんどん目標をクリアするという「高速PDCFAサイクル」にするのがよいのです。

第2章

ラクして達成する人の「行動を続ける」技術

第2章のゴール

行動を続けて、習慣化できる人になる

行動を続ける技術を身につけると、行動のルーチン化が自然にできるようになり無駄が減るので余裕が生まれます。余計な力が入らなくなる分、ラクになるのです。行動を続けることは根性論でも精神論でもありません。誰でもできる技術です。

まず三大「根づかない行動習慣」を覚えておきましょう。1つめは「○○しない」という〝否定的な行動〟。2つめは「信頼を獲得する」のような〝立派な言葉を使った行動〟。3つめは「しっかりやる」のような、〝副詞を使った行動〟です。

次に、「NG行動計画」を理解します。①「心がける」のように頭で考えるだけで行動に移せないこと、②「徹底する」のように何をするのかがあいまいでわからないこと、③「努力する」のように人や状況で解釈がブレるもの、の3種類があります。

そして、行動を習慣化させるためには、2つのポイントがあります。1つめは、「タイミングは〝ついでに〟」。2つめは「アウトプットで〝見える化〟」です。

この章では、「行動を続けて習慣化することができる人」になり、「続ける力」を身につけることがゴールです。

第2章の全体マップ

Start

いつも途中で行動が止まってしまう。続かない。三日坊主

基本的な考え方を学ぶ 01

簡単な習慣ほど成果が出る
最初から気負いすぎてはいけない
習慣には自分らしさが宿る
習慣を変えることは最初は気持ちが悪い

三大「根づかない行動」を確認

①否定的な行動
②立派な言葉を使った行動
③副詞を使った行動

NGワードを学ぶ 02

①頭で考えることで、行動ではないもの
②何をするのか、あいまいでわからないもの
③人や状況によって、解釈がブレるもの

行動を習慣化する技術 03 04

①タイミングは“ついでに”
・すでに習慣化している行動にくっつける
②アウトプットで“見える化”
・行動したかどうか周りがわかるようにする

チェック表で改善する 05

8つのチェックポイントにより習慣化しやすい計画に改善する

Goal

「続ける力」
行動を続けて、習慣化できる人になる

Point 01

ラクして達成する人は「行動習慣」に目をつける

「何をやっても続かない」と嘆く人は多いのではないでしょうか。ラクして達成するために必要なのは、「行動し続けること」「習慣にすること」。これらにもきちんとしたノウハウがあるのです。

「行動し続けること」＝「行動習慣」が重要

「目標」を達成するために必要なことが、「行動」であることは言うまでもありません。目標を立てたら、具体的な行動を計画しましょう。たとえその目標がどんなに「正しい目標」だったとしても、行動しなければ何も起きないからです。

そこで問題なのは、「どのような行動を計画するか」ということです。

行動には2種類があります。「やること」と「行動し続けること」です。「やること」は、1回だけの行動、いわゆるタスクです。よくスケジュール帳のToDoリストで管理されます。

一方で「行動し続けること」は、何回も繰り返される行動、いわゆる「行動習慣」です。

たとえば、「TOEICで900点を取る」という目標があったとしましょう。タスクは「参考書を買う」。1回で完了です。

一方で行動習慣は「毎朝30分、単語ドリルをする」。これは毎日繰り返される行動です。ラクして達成するためには、この行動習慣に着目し、行動を続けることが重要なのです。

単純な行動習慣ほど、成果が高い

会社の中での行動計画の多くは、タスク（ToDo）です。仕事を具体的なタスクに分解して、一つずつ確実に実行することで目標を達成しようとします。

仕事を確実に進めようとすることは、よいことではありますが、目標達成のためにはタスクを実行するだけでは足りません。**目標達成には、実践した行動の成果を考えながら、常に仕事の質を高めることが必要であり、そのためには、行動を繰り返し実行し続けることが有効**です。

実は、「タスク」と「行動習慣」からそれぞれ導き出される思考は、次のように異なります。

- **タスク（ToDo）……仕事をこなす思考**
- **行動習慣……仕事の質を高める思考**

タスクは、ただ仕事をさばけば「これで終わり」と思いがち。一方で行動習慣は、小さな行動でも続けることで「本当にこれでいいのか？」と考えるサイクルが生まれやすいのです。よって、高い目標であっても、単純でシンプルな行動を続けることの価値が高いのです。

私があるメーカーで、組織開発と人材育成のコンサルティングをしたときの話です。

この企業では、年間2億円の「出戻りコスト」が発生しているという、大きな問題を抱えていました。出戻りコストとは、設計ミスなどが発覚するのが遅く、出荷後に製造のやり直しが必要となったり、不具合を修理したりするために発生するコストのことです。

あるシンクタンクが入って、原因を徹底調査したところ、「上司と部下のコミュニケーション」および「設計部門と製造部門の意思疎通」の2点が問題であるという指摘がなされました。

その後、問題の解決を相談された私は、管理職全員参加の研修を行い、リーダーとしてこれらの問題解決のための行動計画を立ててもらいました。そして半年間、各部門で行動を実践したのです。

半年後、成果発表会を行いました。ある設計部門のリーダーが、出戻りコスト削減で一番高

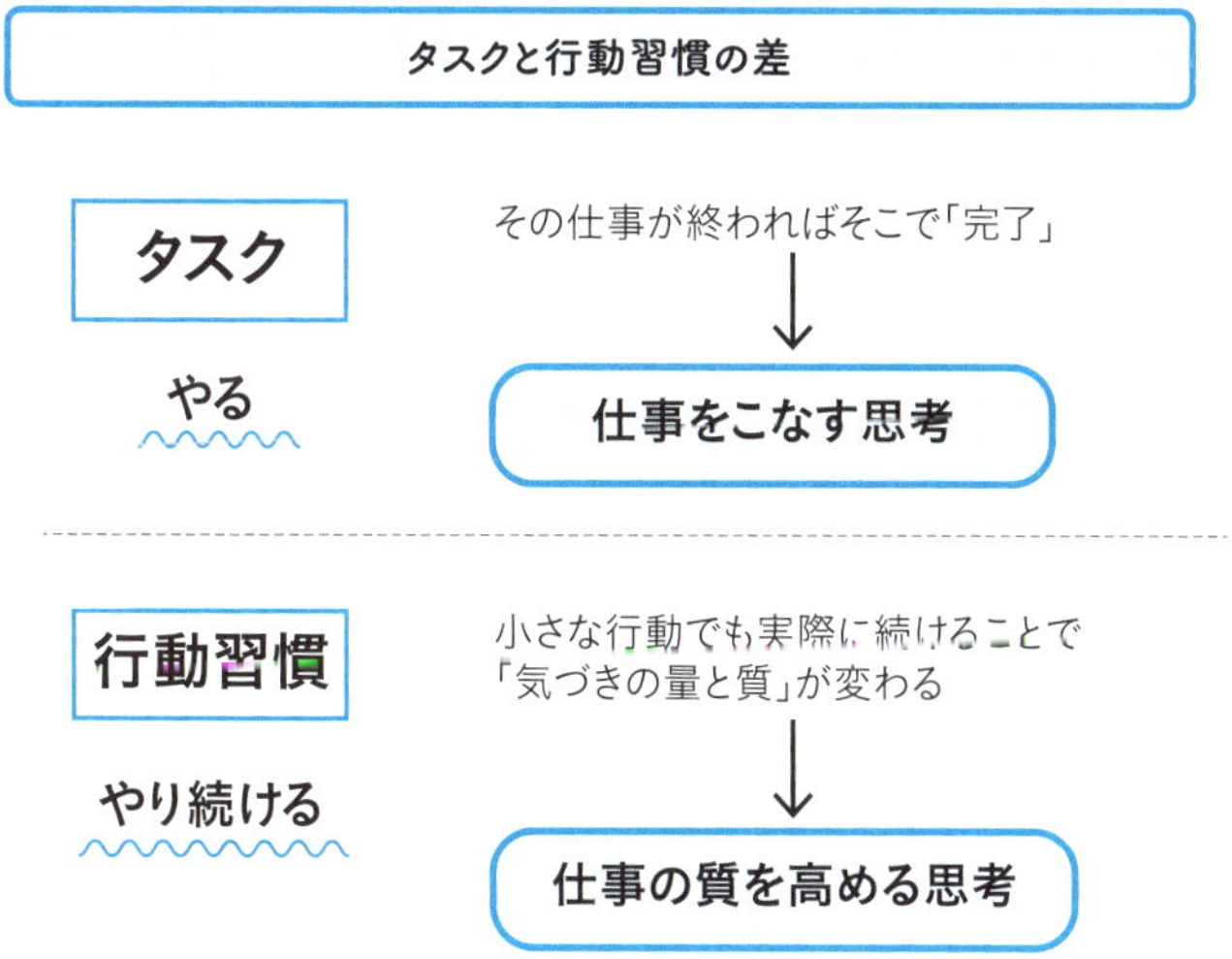
タスクと行動習慣の差
タスク
やる
その仕事が終わればそこで「完了」
仕事をこなす思考
行動習慣
やり続ける
小さな行動でも実際に続けることで
「気づきの量と質」が変わる
仕事の質を高める思考

い成果を出し、ベストパフォーマンス賞として表彰されたのですが、そのリーダーが実践した行動はどんなことだったと思いますか？　さぞかし立派で高度な行動かと思いきや、それは、

「毎朝、部下のネクタイをほめる」

ということだったのです。ほかのリーダーの行動計画は、「品質チェック表をつくる」といった〝タスク〟や、「相談しやすい雰囲気をつくる」といった〝あいまいなこと〟でした。彼らは、成果を出すことはできませんでした。

賞を取ったリーダーの行動は、日々繰り返し実践される「行動習慣」です。しかも単純な行動です。一見「しょぼい」と思われるでしょう。でも、**単純だからこそ、続けられます。そして、続けられるから、効果が高いのです**。

このリーダーは、「部下と上司のコミュニケーションが問題だ」という調査結果をしっかり受け止めて、「まずは部下との関係性を深めよう」と考え、「毎朝、部下のネクタイをほめる」という単純な行動を続けました。その結果、部下に対する見方が肯定的になり、高い成果を成し

遂げたのです。

その理由は、実は次章の「経験を振り返る技術」に関係しています。このリーダーは、毎朝、部下のネクタイをほめるという行動を実践するために、部下観察を始めました。すると、今までは表面的であった部下への目線が変わってきたのです。今まで気づかなかった部下のよい仕事ぶりやがんばっている点にたくさん気づくことになります。上司が部下を肯定的に見るようになるのですから、両者の間のコミュニケーションが良好になったことは想像に難くありません。組織全体にもよい波及効果があったことでしょう。結果、出戻りコスト削減という目標を達成することにつながったのです。

このように、小さな行動でも、実際に続けることで「気づきの量と質」が圧倒的に変わります。逆にいえば、1回こっきりの行動では、気づくことは限定的です。

このように、目標をラクして達成する人は、「やること」ではなく、「やり続けること」に着目するのです。

最初のやる気はうそをつく

私は多くの人の行動実践の度合いを見てきました。その中で、特徴的なことを一つ見つけました。それは、**「最初にやる気が満々の人」は、目標達成までたどり着かない**ということ。最初に気合いが入りすぎると、途中で失速してしまうのです。

やる気満々だった人に限って、半年くらい経つと、できない言い訳を始めます。「こんなはずじゃなかった。私はもっとできるはずだ。私が活躍できないのは環境が悪いんだ」と、他を責めます。すると、最初の「やる気」は減退していきます。

最初の「やる気」は、気負っているにすぎなかったのかもしれません。でも、やる気満々だった分、壁にぶつかると、思うようにいかないことにいら立ちを覚えてしまいます。一見、自信がありそうな人でも、できないことを認めたくないもの。元気なことはよいのですが、気負って行動計画を立てると、「続かない」というワナにハマりやすくなります。

自分の気負いを発見する方法があります。行動計画を立てたら、以下の2点をチェックしてみてください。

- **難易度が高すぎないか**
- **数が多すぎないか**

難易度については、自分一人の力では到底実施できないものや、相当のスキルアップをした上でしかできないことは、難易度が高すぎるといえます。難易度を落とし、すぐにでも実行できる簡単な行動を計画しましょう。

数については、**同時に取り組む新規の行動習慣としては、4つが限度**です。行動実践のデータから分析した結果、5つ以上あった場合は、続かない場合が多いことが判明したのです。「難易度」と「数」という2つのチェックのうち、どちらか一つでも引っかかっている場合は、残念ながら「行動習慣」としては不適で、途中で失速する可能性が非常に高いといえます。

もっとも私は「やる気満々」が悪い、と言っているのではありません。むしろ、強い動機を持つことは素晴らしいと思います。しかし、瞬間湯沸かし器のようにいきなり熱くなっても、続かなければまったく意味がないのです。**「ちょっと気負ってるかな」と感じたら、「難易度」と「数」に着目して、行動計画を修正しましょう。**

「自分らしさ」は「働きぶり」という習慣に宿る

ところでみなさんは「自分らしく」仕事をしているでしょうか？　それとも自分のキャラを押

し殺して、「違う自分」を演じて仕事をしているでしょうか?
仕事において、自分を表現するのは「日々の働きぶり」ですが、無理に意識して「自分らしくしなくては!」などと肩に力を入れる必要はまったくありません。「自分らしさ」は、「自然に行動習慣に宿る」ということです。

私は、学生向けに「理想の姿で、いきいき働くには」という題名で講演を行うことがあります。その際に、必ず伝えるメッセージがあります。「就職するとき、会社名や職業名にこだわると苦しくなりますよ。それより、どのように働くか、という〝働きぶり〟を考えてください。自分らしさは、働きぶりで発揮できます。職種は関係ありません」。どんな会社に入ろうが、どんな職業に就こうが、「自分らしい働きぶり」は発揮できる、と伝えたいのです。

私のファーストキャリアは、メーカーの工場で、POSレジという機械の出荷試験を行う仕事でした。POSレジとは、スーパーやコンビニなどにある、販売実績情報を収集できるレジスターのことです。

次のキャリアは、情報システムの設計や管理を行うシステム・インテグレーション会社での、システムエンジニアです。製造システム部門に配属され、工場の生産管理システムを構築していました。その次は起業し、教育や人材育成の仕事を行っています。

出荷試験担当→システムエンジニア→経営者とキャリアをチェンジしてきたのですが、私の「働きぶり」は、まったく変わっていません。私の「働きぶり」は、「仲間をつくり、ワイワイガヤガヤしながら生まれた新しいアイデアを、仕事に活かす」というやり方。それをずっと続けています。

出荷試験担当のときは、実際に検査の作業をしてくれる検査員の人たちと、もっと効率的に検査ができる方法を話し合っていました。システムエンジニアのときは、工場の強面《こわもて》の職長さんと、なんとか仲よくなり、新しいシステムを業務に乗せました。起業してからは、人材育成系のワークショップを開催したりオンラインサロンを主催したりしています。

どの仕事でも、「人を自分の仕事に巻き込み、新しいやり方をクリエイトする」のが私のスタイルです。それは新卒のころから今でも変わらない「私の働きぶり＝自分らしさ」なのです。

まさに**「行動習慣」には「自分らしさ」が組み込まれているの**です。

目標に向かって行動を続けると、自己成長のクセがついていきます。そして、自然に自分らしさを発揮できるようになり、仕事がどんどん楽しくなってきます。

習慣を変えることは気持ち悪いこと

実は私たちは、日ごろの習慣が最も大切だということを知っています。何気なくやっているよい習慣を、すでにたくさん持っているものです。

習慣とは「意識しなくても、自然にできている」という無意識の行動です。たとえば、元気にあいさつをする人は「あの人は明るいね」と好印象を持たれていますが、本人はとくに意識しているわけではありません。「元気にあいさつをする」ことが習慣化しているのです。

一方で、目標達成のためには、今までやっていなかったことを「新たにやる」必要があります。より高い成果を求めていくために、「新しい行動習慣」を身につける必要があるのです。

ここで理解しておきたいことは、**「新しいことを習慣化する」ことは、決して「自然なことではない」ということ。むしろ、最初は「違和感がある」こと**なのです。まだ習慣化されていないわけですから、今までしていなかった「新たな意識」が必要だからです。

一つ実験をしてみましょう。両手で腕組みをしてみてください。どちらの手が上ですか？

私は左腕が上になります。

では、上下を逆にして腕を組んでみてください。どう感じるでしょうか。違和感があり、気持ち悪いでしょう。

このように、新しい行動は違和感があるのです。実はそれが「続かない原因」です。

そこで、「習慣を変えることは、気持ちが悪いものだ」と割り切って考えてみましょう。重たい車を押すときのように、当初は少し力が必要です。しかし、いったん動き出してしまえば、あとは勝手にタイヤが回転してくれます。

「最初の力」を自分に与えるために、どのようにしたらいいのか、行動を習慣化する技術は、次の項で説明します。

Point 02

「ミスをしない」「品質を向上する」「徹底的に行う」が続かない理由

続けられないのには、原因があります。原因がわかれば、それを克服できます。実は行動計画の言葉を言い換えるだけでも、とても大きな効果があるのです。

三大「根づかない」行動とは

私は、立てられた行動計画が、その後、どう実践されていくのかをITシステムを使って検証し、データ化してきました。すると、長続きし定着する行動と、途中で途絶えてしまう行動に分かれることがはっきりしました。そして、のべ1万5000人以上の行動実践のデータを分析して、次の「三大〝根づかない〟行動習慣」の特徴を発見することができたのです。

①「○○しない」は凹むだけで続かない
②「立派な言葉」は実は考えていない
③「副詞」にだまされるな

それぞれ細かく解説していきましょう。

①「○○しない」は凹むだけで続かない
→否定的の言葉は肯定的な言葉に変換する

あなたは今までに、ダイエットをしたことがありますか？　喫煙者の方は今までに、禁煙にチャレンジしたことがありますか？　それはうまくいきましたか？　ほとんどの人がうまくいかなかったことを経験していると思います。それはなぜでしょうか。ダイエットは「食べない」、禁煙は「吸わない」というように、「何かをしない」というネガティブな禁止言葉です。

・間食をしない
・ミスをしない
・寝坊しない
・いい加減にやらない

こうした言葉は、まるで他人から「〇〇するな」と怒られているようで、不快に感じてしまうのです。

心理学の視点から見ても、人はこのようなネガティブなことを避けるという性質を持っています。「〇〇しない」というのは、自分を否定する言葉。つまり、自分の過ちを自戒して、繰り返さないようにする言葉です。自戒は自分を高める上で必要な局面もありますが、継続的な行動となると問題があります。「〇〇しない」という言葉は、自分のダメな部分を見つめることになるので、「キツい」のです。

そこで、逆に「○○する」という言葉に換えると、行動に結びつきやすくなります。ポジティブで肯定的な言葉のほうが、前向きに捉えることができるからです。

夜更かしばかりしている子供に、「早く寝ないと大きくなれないよ」と否定的な言葉で言っても、自分からしようとはしないでしょう。親が見ているときだけはがんばっても、続きません。むしろ、大きくなれない自分をイメージして、怖くなるかもしれません。

それよりも「早く寝たらもっと大きくなれるよ」と肯定的に言ったら、子供はどう感じるでしょうか。成長する自分の明るい未来をワクワク想像できるでしょう。否定するより肯定したほうが勇気が湧き、セルフイメージが高まるので、行動に結びつきやすいのです。

では、ビジネスの現場でよく使われる「○○のミスをしない」という、「否定的な行動」は、どう変えたらいいでしょう？　これも「○○しない」ですから、継続することが困難です。

あるインテリア関連の企業に勤める営業担当者の事例です。彼は、いつも部材の発注ミスをしてしまい、工事担当者に怒られています。彼は「発注ミスをしない」という「否定的な行動」

を続けようとしたのですが、残念ながら無理でした。やはり同じようなミスを繰り返すのです。

彼は原因を考えました。その結果、お客さまの注文に対する確認不足が原因であることに気がつきます。そこで彼は、たとえ急ぎの注文であったとしても「注文を受けるたびに、注文内容の再確認を行う」という「肯定的で前向きな行動計画」に変更しました。すると、注文ミスがなくなっただけでなく、お客さまとの関係もよくなり、リピートオーダーがもらえるようになったといいます。

このように**「〇〇しない」という「否定的な言葉」を、「〇〇する」という「肯定的な言葉」を使った行動計画に変更するだけで前向きな行動につながり、続けやすくなる**のです。ポジティブな気持ちになり、前向きな行動がどんどん促進されていきます。

さらに、「〇〇する」の実践度を上げる手法があります。それは、「テンションが上がる行動を盛り込む」ということ。自分の性格を考えて、ワクワクしたり楽しくなったりするような行動計画をするのです。

たとえば、毎日のようにお菓子などを間食してしまっている人が、ダイエットのためにしている「間食しない」という行動計画を、「間食を1週間がまんできたら大好きなケーキを1つ食べる」に変更したら、楽しく前向きになれるでしょう。

先ほどの事例の、「注文を受けるたびに、注文内容の再確認を行う」という行動計画にもワクワクは加えられます。この営業担当者が「人と心が通じ合うような交流をすることが楽しい」という性格だとすると、「注文内容の再確認の電話をするとき、ご家族のことや新しいインテリアへの期待などを聞いたりして、お客さまと心の通う会話をする」といった具合です。

このように、**行動計画に自分らしくテンションが上がる「小さなワクワク」を忍ばせることも、行動実践を続けるには有効**なのです。

②「立派な言葉」は実は考えていない → 小学生にもわかる簡単な言葉にする

企業で、目標達成のための行動計画を立てると、必ず「立派な言葉」が出てきます。

- **部内の信頼を獲得する**
- **お客さまの満足を得る**
- **商品の品質を向上する**

「信頼獲得」「顧客満足」「品質向上」。すべてもっともそうな「立派な言葉」であり、素晴らしいとは思います。

ところが残念ながら、目標達成のために有効な行動が実践されることはありません。

「部内の信頼を獲得する」とは、いったい部内で何をやろうというのでしょうか？
「お客さまの満足を得る」とは、いったいどんなサービスを行うのでしょうか？
「商品の品質を向上する」とは、いったいどんな改良を商品に施すのでしょうか？

企業内では、こうした「立派な言葉」が飛び交っています。いかにも道理のように聞こえるので、誰もが納得してしまいやすいのですが、実は**「立派な言葉」は行動計画としては「あいまいな言葉」なので、具体的に何をするのかが見えてこない**のです。発案した本人ですら、わかっていないことがあるので、目標達成に向けて行動が続かないのは当然です。

行動計画は、もっと具体的にする必要があります。私はよく「**小学生でもわかる簡単な言葉を使いましょう**」と言います。もっともそうな立派な言葉より、誰でもわかる簡単な言葉ほど、行動に結びつきます。先ほどの例を、簡単な言葉に変えると、次のようになります。

・部内の信頼を獲得する↓毎日30分早く出勤し、部内書類の整理を行う
・お客さまの満足を得る↓お問い合わせへのメール返信を1時間以内に行う
・商品の品質を向上する↓出荷するときに、再度、不具合がないか確認する

これで行動が明確でわかりやすくなりました。具体的でわかりやすいということは、継続しやすいだけでなく、改善もしやすいということ。自分で、効果があったのか、そうでないのかを判定できるので、行動改善のアイデアも浮かびやすくなります。

ほかにも、もっともそうな熟語として「活性化する」「協議する」「共有する」などがあります。一見すると行動っぽい言葉なのですが、いずれも実際にどんな行動をするのかは不明確で怪しいのです。具体的に行動が規定されているわけではありません。

たとえば、「お客さま情報を共有する」といった行動計画。人によってやり方はさまざまであいまいです。

このような行動計画を見ると、私は必ず「では、どうやって共有しますか？」とお聞きします。どうやってやるのかと、その具体的な方法を聞く「How」の質問は有効です。

この質問に間髪入れずに答えが返ってくることは稀で、みなさん回答に窮します。しばらく考えたあと、「グループウエアに入力する……かな」といった答えが返ってきますので、「では〝お客さま情報を得たらグループウエアに書いて共有する〟と行動計画を変えましょう」とお伝えします。これくらい「何を行うのか」を明確にする必要があるのです。

そのほかにも「いつやるのか？」「どこでやるのか？」「誰とやるのか？」（When／Where／Who）の質問も、あいまいな行動計画を明確化するときに有効です。

もう一つ、立派な言葉で注意しなければならないことに「カタカナ」があります。

・コミュニケーションを活性化する
・経営課題をソリューションする
・チームワークを発揮する

このようなカタカナを使った行動計画も、実際に何を行うのかは不明瞭です。

コミュニケーションとはいったい何を行うことなのか？ ソリューションって何をすること

か？　チームワークとは何か？――すべて不明確です。

ある会社の経営計画に「チームワークを発揮しながら組織内のコミュニケーションを活性化し、戦略的にソリューションを実践する」とありました。ここまでくるとわけがわかりません。

実は、難しい熟語やカタカナ言葉を使っているときは、本当はあまり深く考えられていないのです。立派な言葉に自己陶酔して、〝自分は十分に考えている〟と勘違いしている可能性すらあります。よって、このような言葉を使い始めたら「あっ、頭が動いてないな」と思うくらいでちょうどいいのです。

行動を実践できるかどうかは、行動計画を立てた時点で9割決まります。**ラクして達成するための行動には「立派な言葉」はいらない**のです。

③副詞にだまされるな→「副詞は数値化！」で定量化する

行動計画の中によく出てくる言葉に「しっかり」「きちんと」「必ず」といった、いわゆる副詞があります。これらは副詞の中でも程度を表す言葉です。また「徹底的に」「積極的に」という「○○的」という言葉もよく使われます。これも程度を表す言葉です（正確には、○○的という形容動詞に〝に〟が付加されて副詞的な使い方がされています）。

実際の例としては、次のようなものです。

・**しっかり営業活動を行う**
・**きちんと品質をチェックする**
・**必ず交通費精算を行う**
・**徹底的に不具合をつぶす**
・**積極的にメンバーと話をする**

このような副詞が入った行動計画をつくると、やる気があってモチベーションも高く「やるぞー！」という気持ちが伝わってきます。ところが残念ながら、実践されない、されたとしてもそれがどれくらい実践されたのかよくわからないのが、このような〝副詞〟を使った行動計画なのです。

「しっかり営業活動を行う」とはいったい何をどれくらい行うことを指しているのでしょう？「積極的にメンバーと話す」というのはメンバーとどれくらい話すことを言うのでしょうか？いずれも実践度合いがまったく不明です。これでは実践する内容にブレが生じてしまい、結局は継続できなくなります。

中には「……しっかり……きちんと……積極的に……必ず……」と一つの行動計画にいくつも〝副詞〟を盛り込んできて、やる気満々なことをアピールする人がいます。アピール自体は悪いこととは思いませんが、このような〝盛り盛りさん〟は、行動の実践度、とくに継続性にはかなり問題があります。「最初のやる気はうそをつく」でも触れましたが、失速するのも早いのです。

ここは少し落ち着いて、どの程度やろうとしているかを考えてみることが重要です。

具体的には、**確実に実践され、継続されやすい行動計画にするためには「副詞は数値化」**と覚えてください。数値化によって「どれくらい行うのか」という程度を明確にするのです。

たとえば、次のように改良します。

・しっかり営業活動を行う↓1日3回面談のアポイントメントの電話をする
・きちんと品質をチェックする↓朝と夕方の2回チェック表を使い品質を確認する
・必ず交通費精算を行う↓毎週1回は交通費精算をして経理担当に提出する
・徹底的に不具合をつぶす↓10回はテストを繰り返し、不具合ゼロで出荷する
・積極的にメンバーと話をする↓1日2回以上、プライベートなこともメンバーと話す

このように副詞を数値化することで、実践度が格段にアップしますし、周りにも計画通りに進んでいるかどうかが明確にわかるので、忘れたり遅延したりしたときも、サポートしてもらいやすくなります。結果、ラクして達成できる人になれるのです。

NGワードは「心がける」「徹底する」「努力する」

このように、行動を続けることで大切なのは、継続できる可能性が高い行動を計画し、確実に実践するということです。要は、事前に「このようなことを行動しよう」と計画しておくことが大切。計画された行動が具体的で明確でなければ、絶対にうまくいきません。

しかし、最初から行動の実践が期待できない計画も、よく見受けられます。**実践できない行**

動計画に使われる言葉の代表例が「心がける」「検討する」「努力する」などです。これらの言葉を使って行動計画を立てても、残念ながら行動が続くことはありません。こうしたNGワードを整理すると、次の3種類に大別できます。

NGワード①　頭で考えることで、行動ではないもの

「心がける」「意識する」「考える」「検討する」など

NGワード②　何をするのか、あいまいでわからないもの

「徹底する」「管理する」「向上する」「育てる」「発展させる」など

NGワード③　人や状況によって、解釈がブレるもの

「努力する」「励む」「踏ん張る」「理解する」など

これらの言葉が使われている行動は、定着しない「NG行動計画」です。

継続可能な行動計画とは、「誰がやっても、同じことを行うことになる」くらい、明確な言葉で表現されている必要があります。

改善例を見てみましょう。

NGワード①「部下が相談しやすい職場づくりを意識する」

↓「定例ミーティングのとき、部下からの相談を聞き、その場でアドバイスをする」

NGワード②「プログラミングスキルを向上させる」

↓「毎日100行のプログラムを書き、不具合がないかテストを行う」

NGワード③「スタッフ全員が問題意識を持つように努力する」

↓「朝礼でスタッフ全員に、前日のお客さまの声を確認させ、問題点を伝える」

このように、「明確な行動」を示すことによって、初めて継続が可能となります。行動は最初の計画が肝心。「NG行動計画」になるのを避けるには、行動計画で書いた文章を見て、

・周りの人から見て、行動を実践したかどうかがわかるか

・誰がやっても、同じことを行うことになるか

の2点でチェックするとよいでしょう。

「勉強が根づかない」と「残業が減らない」の理由は同じだった！

みなさんは、勉強の計画を立てたのに途中で頓挫してしまったことがないでしょうか？　たとえば、英語の勉強を毎日するぞ！　と意気込んで、数日間でやめてしまったことはありませんか？

また、残業を減らそうとして、「毎日定時に帰るぞ！」と決めたのに仕事が終わらず、遅くまで仕事をしてしまうことあるでしょう。いつも忙しい日々を送っているビジネスパーソンなら当然のことです。

このように、**なかなか根づかない「勉強する行動」と「残業を減らす行動」。この根本原因が実は同じである**と聞いたら驚くでしょうか？

まずは勉強する行動について解説します。

自分のスキルを上げようと、「勉強する」という行動計画を立てることはよくあります。お客さまのニーズが変化する中、自分の能力を高め続けることは必要不可欠です。

ところが、この「勉強する行動」がなかなか続かないのです。かなりの確率で、途中でやめてしまいます。

実際の行動実践の検証データの中から、行動を続けることができなかった「勉強関係」の行動計画を拾い上げてみます。

- **最新技術について、1日30分勉強する**
- **英語単語を、1日10個覚える**
- **参考書を読み、ドリルを1日5ページ進める**
- **週末は毎週、リーダーシップに関する本を1冊は読む**

どれも、やる気に満ちています。ところが残念ながら、いずれも行動が続かず、目標を達成することはなかった実例です。続かないのはなぜでしょうか？

それは、「時間」と関係しています。勉強しようと決めたときは、十分に時間が取れると思っているのです。ところが、仕事が急に忙しくなったり、プライベートで想定外のことが発生したりして、思ったように時間が取れなくなったりしていくものです。

これは、誰にでも起こり得ること。したがって「1日30分勉強する」という行動計画は続きません。「たった30分の時間も取れないのか」と思いますが、残念ながら事実なのです。勉強が続かなかった人が共通して言うことは「時間がなかった」です。しかし、厳しいようですが、これは言い訳でしかありません。やれる人はやれるからです。

そこで「時間がなかったのではなく、時間をつくろうとしなかったのだ」と考えると、解決策が見えてきます。

つまり、**「勉強する行動」より「時間をつくる行動」のほうが重要**なのです。

たとえば、ある経理部に勤める女性。自分のスキルを上げるために「会計について」の勉強を始めようとしています。「1日30分勉強する」という行動計画を立てたのですが、雑務に追われてそれどころではありませんでした。そこで考えました。ランチの時間にオフィスの近くのレストランは大変混雑するため、昼休み時間の1時間をまるまる使ってしまっている事実に目をつけ、外食からお弁当に変えて自席で食べることにしたのです。そこで浮いた時間で30分勉強しようと考えました。

そこで彼女が実践した行動は「毎朝コンビニでお弁当を買っていく」という行動です。正確にいえば、行動計画を、「毎日30分勉強する」から、「毎朝お弁当を買っていき、ランチの時間に自席で30分勉強をする」に改善したと言えます。

このように、「勉強する」という行動より、そのために「時間を有効活用するための」行動を取ったほうが、確実に実践でき、かつ続けることができるのです。

続いて残業時間を減らすことについて解説しましょう。

仕事もプライベートも充実させたいということで、残業時間を減らしていくことに取り組んでいる企業や個人も多いでしょう。そのような中、立てられるのが以下のような行動計画です。

- **残業をしないようにする**
- **週3回は定時に帰る**
- **残業時間を月10時間以下にする**

ところが、なかなかうまくいかないのが現実です。〝今日は定時に帰るぞ！〟と声高に叫んだだけで実現したら苦労はありません。ここは発想の転換が必要となります。

実はここでも「時間をつくる行動」が重要になってきます。

「残業しない」ということは、「仕事の生産性を上げる」と同義語です。会社からの期待は変わらないのですから、時間単位の自分の仕事の成果を高めるしか、残業を減らす手立てはありません。

「働きやすい仕事の環境を整えるのは、会社や上司が考えることだよ」「私は限られた環境の中で仕事をしているのだから、生産性を上げるなんて無理だよ」などのように考える人もいるかもしれません。

そんな受け身の考えになってしまう人は、少し視点を変えてみるといいでしょう。

生産性向上というと、確かに組織全体で取り組まなければならないこともたくさんありますが、個々人であっても1日の仕事の効率を高めるため工夫できることはいくらでもあります。

たとえば、次のような行動です。

・朝一番に上司に今日の仕事の期待レベルを確認する
・会議が始まったときに終了時間とゴールを明確にする
・仕事の関係者に前もって根回ししておく

実は、これらはすべて〝仕事の生産性を下げる原因を取り除く〟行動です。

・朝一番に上司に今日の仕事の期待レベルを確認する↓過剰な品質の仕事をなくす
・会議が始まったときに終了時間とゴールを明確にする↓非生産的な時間をなくす
・仕事の関係者に前もって根回ししておく↓認識のズレによって起きる無駄な時間をなくす

このような一見地味な行動ですが、「時間を有効活用する」ためには大切であり、かなりダイレクトに効果が出ます。このような行動の積み上げの結果、定時で帰れるかどうか決まるのです。単に「残業をしない」「定時で帰る」と言っても、それは単なるスローガンであり、効果的な行動計画ではないのです。

このように、「勉強が根づかない」と「残業が減らない」という状態を解決するには、いずれも、**いかに積極的に自分で「時間」をコントロールしようとするか**ということが問われているのです。

Point 03

行動をゼロから始めるのは失敗の元。「ついでに」やる

新しい習慣を続けるためのキーワードは「ついでに」です。すでに身についている習慣の「ついでに」やることにすれば、新しい習慣になりやすいのです。

行動のタイミングは「ついでに」

行動を習慣化するためには、いつ、その行動を行うか、そのタイミングこそが重要です。「毎日○○する」「毎週○○する」「週末に○○する」といったタイミングで計画する人が多いのですが、残念ながら習慣化することはほとんどありません。なぜなら忘れてしまうからです。

たとえばダイエットをしているときには、毎日体重を測る必要があります。しかし「体重を測る」という行動を、つい忘れてしまうのです。

そこでおすすめなのが「ついでに」やること。そこで、すでに習慣化している行動に着目します。たとえば、お風呂に入ることを忘れる人はいないでしょう。そこで、**毎日お風呂に入る「ついでに」体重を測るのです。すると忘れないで習慣化しやすくなる**のです。

考えてみれば当たり前のことです。新しいことをやり続けようとしているのですから、新規に覚えておくことが増えます。これは大変なことです。ですから、それを逆手に取って、すでに習慣化していることにくっつけて、「ついでに」してしまうのです。

通勤時間はもっと使える

たとえば、すべてのビジネスパーソンがすでに習慣化していることは通勤です。その時間を利用するのです。まずは「勉強」。先ほどの「時間をつくる行動」の大切さを解説しましたが、たとえば、英語のリスニング力を高めるために、配信されている英会話番組をスマートフォンで聞くことも可能です。最近では5分程度の短い動画で自己啓発やスキルアップの勉強ができるコンテンツが多く配信されています。そのようなものを利用して小さな勉強習慣を身につけることもできるでしょう。

通勤時間に有効なのは勉強ばかりでもありません。たとえば「その日の会議でのアジェンダに漏れがないか」を考えることも可能でしょう。今の時代、ほとんどのビジネスパーソンはホワイトカラー、つまり知的労働者です。ということは「考えること」も大事な仕事の一つなのです。1日のスタートに仕事の進め方などを考えることはとても有効です。

・会議のアジェンダを考える
・仕事の段取りを考える
・上司への報告の仕方を考える

メモに取れば、あとで見返すことも可能ですし、仲間と共有することも簡単。いきなり仕事に取りかかるより、生産性が高まることは間違いありません。始業したらゆっくり考える時間がない人もいると思います。そんなときでも通勤中の「ついでに」行う行動は有効なのです。

出勤直後は「報連相」の最大のチャンス

報連相（報告・連絡・相談）の大切さは、みなさんご存じだと思います。随時、上司や先輩に報連相を行うことは、ビジネスパーソンにとって必須の行動です。

しかし、問題は、そのタイミング。上司や先輩は明らかに自分より忙しい状態です。相談に乗る時間を十分に取れないのが現実です。

そんなときに、出勤の「ついでに」というタイミングを使います。つまり、出勤した直後に、上司や先輩に、「おはようございます。ところで○○さん、少しだけお時間をいただけますか？先日の案件ですが……」と報連相を始めるのです。朝であれば、上司や先輩も比較的時間が取れるもの。しかも、まだ誰も出勤してきていないオフィスであれば、あなた一人のための時間となるでしょう。

報連相といっても、通常は1、2分、相談であっても5分程度で終わる情報交換です。もしも長い話に発展するのであれば、別途、会議や面談の時間を取ってもらうように依頼するとよいでしょう。

このように、**タイミングを出勤の「ついでに」にすることによって、上司と部下のコミュニケーションの中で最も重要なものの一つである「報連相」が簡単に続けられるようになる**というわけです。

信頼を得るには、お客さまに会うたびに商品の満足度を聞く

仕事をする上で、とても大切なことの一つは「お客さまとの信頼関係」です。最初に信頼を得ることはもちろんですが、実は、その信頼関係を維持することは、もっと大切で難しいことです。

その信頼関係を続けるために、とっておきの「ついでに」の行動があります。それが「お客さまに会うたび（会うついで）に、商品の満足度をお聞きする」というものです。

間接部門などで社内の人を相手に仕事をする人も、自分の仕事の成果の受け手は「お客さま」だと考えてください。そして自分の仕事の成果物を「商品」と考えてください。

聞き方はさまざまですが、53ページでも解説した「Q（品質）、C（コスト）、D（納期）」の視点で聞くと、仕事の改善に役立ちます。

「私の仕事の質は、満足いただけていますでしょうか？」（品質）
「商品の価格はどうでしょうか？」（コスト）
「サービスのスピードは、的確でしょうか？」（納期）

尋ねられたお客さまにとっても、「この人は仕事をやりっぱなしにはしないんだな」と安心できます。これをいつも、会う「ついでに」行えば、信頼関係を構築できることは間違いありません。その結果、「あの人は頼りがいがあるな」と思われることでしょう。

「お客さまの意見を聞いて、行動を改善する」ことは、ＩＳＯ（国際標準化機構：日本を含め１６０カ国以上が加盟し、世界のさまざまな標準規格を定める団体）にも認められた、仕事の質を高める行動です。しかし、満足度調査なるものを年に1回やったところで、細かい改善はできません。会う「ついでに」聞いたほうが、ラクで、簡単で、なおかつ効果的なのです。

あらゆるビジネスシーンに利用できる、「タイミングはついでに」

もう一つ、「ついでに」の手法が効果的な事例を挙げましょう。それは、**会議の冒頭に、その会議の終了時点での成果（ねらい）を確認する**というものです。

会議の冒頭に主催者が「今日の会議は1時間です。1時間後には、事前周知しました○○という成果を得たいと思いますので、みなさんよろしくお願いします」と始めるのです。

このひとことがあるかないかによって、会議の生産性は著しく変わります。ダラダラと長引くこともなく、ビシッと終わることでしょう。これを、会議やミーティングの基本ルールに加えると、どの企業でも残業が減るだけでなく、ビジネスの成果も上がることが期待できます。

会議の冒頭の「ついでに」の行動が、いかに効果的か、ぜひ試してみてください。

このように、「タイミングはついでに」という行動の習慣化ノウハウは、ビジネスシーンのどこにでも使えます。すでに習慣化しているものの代表例を挙げてみると、たとえば、

- **一般的なビジネスパーソンであれば、「通勤する」「出勤する」「朝のあいさつをする」「会議に参加する」「報告を行う」「相談をする」「ランチを取る」など**

- **営業職であれば、「見積書を書く」「顧客と商談する」「アポイントメントを取る」など**
- **技術職であれば、「設計書を作成する」「開発を行う」「テストをする」など**

といった、日常的に行われていて、すでに習慣化されている行動があります。これらの行動に「くっつけて」、新しい行動を「ついでに」行うようにすればよいのです。

言うなれば〝コバンザメ作戦〟ですね。

Point 04

アウトプットで自ら「突っ込まれる状況」をつくる

行動をアウトプットで「見える化」しましょう。自分にわかりやすくするだけでなく、他者にも見てもらえます。他者へオープンにすることで、うっかりサボっても突っ込みが入ります。

「アウトプットで見える化」し、自分を追い込む

行動を続けるために、「タイミングはついでに」と併用すると、非常に効果的なのが**「アウトプットで見える化」する**という技術です。

「見える化」とは、行動した結果が「他者から見えること」です。

たとえば〝レポートにまとめて報告する〟〝稟議書を提出する〟〝グループウェアの掲示板に書き込む〟などの「文章づくりの行動」がこれにあたります。ほかには〝お客さまに説明する〟〝質問に答える〟〝先輩に質問する〟など、「他者との交流」の場合もあるでしょう。

つまり、自分の中だけで完結することなく、他者に自分の行動を伝え、判断してもらう機会をつくるわけです。それが「行動の継続」に結びつきます。なぜなら周りから「突っ込まれる」状況をつくり出すことができるからです。

序章のダイエットの例で、体重記録のグラフを貼り出すお父さんの例を挙げました。「あらら。ちょっとサボってない？　体重増えてきたよ」と家族から突っ込まれていましたよね。

これが、体重グラフというアウトプットで、「見える化」している状態です。いったん「見え

る化」すると、やめにくくなるという効果もあります。やったかどうか、周りが判断できるのですから、勝手にやめると「あれ？　あの行動を最近していないけど、どうしたの？」と聞かれるようになります。聞かれはしなくても、少なくともそう思われます。これでは格好がつきませんね。

行動を続けるためには、一定の覚悟が必要です。その覚悟を「精神論」でも「根性論」でもない形で実現できるのが、「アウトプットで見える化」というテクニックなのです。

「そっとやめても誰にもバレない行動計画は続かない」と覚えてください。

会社内での見える化の価値

先ほど、「お客さまに会うたびに商品の満足度を聞く」ことで信頼を獲得していくことや、Q（品質）、C（コスト）、D（納期）の視点で聞くことで仕事の質を高めようとする行動について解説しました。

この行動の習慣化をさらに強化することにも「アウトプットで見える化」が使えます。

たとえば「お客さまの満足度とその理由を、毎週末の部内営業会議で発表する」という行動

「アウトプットで見える化」の効果

行動の結果が他者から見えるようにする

①文章づくりの行動
・レポートにまとめて報告する
・稟議書を提出する　など

②他者との交流
・お客さまに説明する
・先輩に質問する　など

↓

周りから「突っ込まれる状況」を
意図的につくり出す

↓

効果

・根性論ではなく行動を続けることができる
・他人を巻き込むので一度始めたら勝手にやめられなくなる

を始めたとします。これは営業の最前線の貴重な情報提供として、周りの社員にとっても役に立つことでしょう。

ところが、たとえば毎週末、3週間にわたって発表を続けたあと、突然この発表をしなくなったらどうでしょうか？

「最近はお客さまの声を聞いていないの？」「あの発表がありがたかったのにどうしたの？」と発表を楽しみにしていたほかの社員から突っ込まれることでしょう。

もう一つ事例を紹介します。「勉強して不明点は出勤直後に先輩に聞く」という行動です。たとえば、ある資格試験のために毎朝、勉強しているとします。少しでも疑問に思ったことを毎朝、出勤してすぐに先輩に尋ねるという行動。先輩からしてみたら「資格を取るために、がんばって勉強をしているんだね」といって理解を示してくれ、よりよいアドバイスをしてくれるでしょう。もし数週間、毎日質問を続けて、ある日それをしなくなったら、「あれ？最近勉強してないの？」と先輩から突っ込まれてしまいます。

要は**「アウトプットで見える化」は、一度始めたら勝手にやめられなくなる**ということ。なぜならこの「毎週の部内会議で発表する」「毎朝先輩に質問する」という行動は、いずれも巻き込む相手に対して、根回し・事前行動が必要なはずだからです。「部内会議で発表する」のであれば、事前に主催者の部長に頼んで発表時間をアジェンダに組み込んでもらう必要があります。「毎朝、先輩に質問する」のであれば、資格試験を目指しているので毎朝質問させてほしいことを事前に依頼する必要があります。

そうやって事前に人を巻き込む活動があるため、一度始めたら中止はしづらく、ある程度の覚悟が必要になるのです。

よって、**自分の行動を見える化して、誰かに「突っ込まれる」状況をつくり出すことが、ラクして達成するには有効**なのです。なぜなら、フィードバックをもらえる機会が格段に増えるからです。

これは第4章の「人と学び合う技術」にも大きく関係してきます。

Point 05

続けられる人が押さえている8つのチェックポイント

この章でお話しした「行動を続けるためのポイント」を、8つに整理しました。これで、あなたの行動計画を見直してみましょう。言葉を言い換えただけのように見えるかもしれませんが、効果は絶大です。

続かない行動計画とはどんなものか？

さて、ここまで解説してきた「行動を続ける技術」は理解できたか、ここでテストをしてみましょう。たとえば次の8つの行動計画の例は、残念ながらすべて行動が続かなかった実例です。どこが「習慣化しないポイント」なのか考えてみてください。

「同じミスをしない」
「笑顔であいさつを徹底する」
「上司への報告をもっとたくさんする」
「相手にわかりやすい説明を心がける」
「部下の勤務状況を管理する」
「参考書で1日30分勉強する」
「毎日、新聞を読む」
「お客さまのニーズを確認する」

誰もが、このような「続かない行動」を計画する危険性があります。

行動を続けるための8つのチェックポイント

行動が実践され、継続されるかは、行動計画を立てた時点で9割決まっています。

ここで、行動を続けている人が使っている「行動習慣化」のための8つのチェックポイントを紹介しましょう。これらを確認していくことで、誰でも簡単に行動を続けることができるようになります。

①「〇〇しない」といった否定的な言葉を使っていないか

「言わない」「ミスをしない」「遅れない」といった、「〇〇しない」という否定的な行動は続くことはありません。「〇〇する」という、肯定的で前向きな言葉に変えましょう。

NG「同じミスを**しない**」

↓Good「注文を受けた直後に、**電話で再確認を行う**」

②あいまいな言葉やカタカナを使ったり、難しい言葉を使ったりしていないか

もっともそうに見えて、実際には行動に結びつかないのが、「活性化する」「協議する」「共有する」のような、あいまいで何をするか具体的にわからない言葉や、「顧客満足」「品質向上」

といった難しい言葉です。

「チームワーク」「ソリューション」などの〝カタカナ〟もそうです。深く考えていない人は、あいまいな言葉、難しい言葉や、カタカナを使う傾向があります。

NG「笑顔であいさつを**徹底する**」

↓Good「毎朝定時の30分前に出勤し、**全員に声をかける**」

③副詞は数値化しているか

「しっかり」「きちんと」「必ず」「徹底的に」「積極的に」といった程度を表す副詞は数値化をして、その程度を明確にします。「1日3回面談」「朝と夕の2回チェック」「毎週金曜日の午前9時に」「10回テスト」「1日2回以上」などのように数値化してみましょう。

NG「上司への報告を**もっとたくさん**する」

↓Good「朝礼の直後、上司に、前日の仕事の**要点を3つに絞って**報告する」

④頭で考えることになっていないか

「心がける」「意識する」「検討する」「努力する」などは、頭で考えることであって、行動ではありません。具体的な行動にする必要があります。

NG「相手にわかりやすい説明を**心がける**」

↓Ｇｏｏｄ「相手にわかりやすく、**マニュアルのページを示しながら**説明する」

⑤誰がやっても同じ行動をすることになるか

「管理する」「向上する」「理解する」「育てる」といった人や状況によって解釈が違ってしまう言葉は使わず、誰がやってもまったく同じことを実践できる言葉で計画します。

NG「部下の勤務状況を**管理する**」

↓Ｇｏｏｄ「部下の勤務表で、**残業時間が規定数を超えていないか確認する**」

⑥勉強する行動や残業時間削減などは、「自ら時間をコントロール」しているか

「1日10ページ問題集を解く」「毎週本を1冊読む」など、勉強する行動は続きません。「勉強時間をつくり出すための行動」が大切になります。

残業時間削減も同様で、自ら時間をマネジメントしてムダを排除し、仕事の生産性を上げる必要があります。

NG「参考書で**1日30分**勉強する」

↓Good「毎朝**お弁当を買って**昼休みに自席で食べ、**空いた30分に**参考書で勉強する」

⑦実践のタイミングが「ついでに」になっているか

「毎日〇〇する」「毎週〇〇する」「1日1時間〇〇する」というだけでは、継続することはありません。なぜなら、そもそも習慣化していないのですから、忘れてしまうのです。

したがって、すでに習慣化していることの〝ついでに〟実践するタイミングを設定します。そうすると、ラクに行動が続きます。

NG「**毎日**、新聞を読む」

↓Good「電車やバス移動の**ついでに**新聞を読む」

⑧アウトプットで他者へ「見える化」できているか

行動を続けるためには、周りの人から見て「行動したかどうか」がわかるようにしておく必要があります。そっとやめても、誰からも突っ込まれない状態では、継続する行動にはなりません。

巻き込む人がいるため、アウトプットで〝見える化〟することは、ある程度の覚悟は必要ですが、「周りからフィードバックをもらえる機会」が格段に増えることで、行動変容が促進されます。

ＮＧ「お客さまのニーズを**確認する**」

↓Ｇｏｏｄ「お客さまのニーズをレポートにまとめて**定例会議で発表する**」

まとめとして、左ページに８つのポイントをチェックリストとして掲載しておきます。

以上が「行動を続ける技術」です。この章で説明した技術を実践していくことによって、自然に「続ける」ことができるようになっていきます。

続けられる人の「行動習慣化」８つのチェックリスト

- [ ] **①「○○しない」といった否定的な言葉を使っていないか**
  - NG　「同じミスをしない」「朝礼に遅れないようにする」
  - Good　「再度、チェック表にて確認する」「目覚まし時計を2つかける」
- [ ] **②あいまいな言葉やカタカナを使ったり、難しい言葉を使ったりしていないか**
  - NG　「顧客を満足させる」「部内のコミュニケーションを活性化する」
  - Good　「顧客の要望を聞く」「毎朝、部下におはようと笑顔で声かけする」
- [ ] **③副詞は数値化しているか**
  - NG　「上司への報告をもっとたくさんする」「営業活動を積極的に行う」
  - Good　「1日2回以上仕事の報告・相談をする」「毎日、午前に3件はアポイントメントの電話をする」
- [ ] **④頭で考えることになっていないか**
  - NG　「相手にわかりやすい説明を心がける」「イベント実施に向けて努力する」
  - Good　「相手の不明点を聞きアドバイスする」「イベントのスケジュールを確定させる」
- [ ] **⑤誰がやっても同じ行動をすることになるか**
  - NG　「部下の勤務状況を管理する」「顧客サポートに励む」
  - Good　「勤務表で部下の残業時間を確認する」「顧客の役に立つ情報をメールする」
- [ ] **⑥勉強する行動や残業時間削減などは、「自ら時間をコントロール」しているか**
  - NG　「参考書で1日30分勉強する」「残業時間を減らす」
  - Good　「ランチを自席で取り空いた30分で勉強する」「会議が始まった直後に目的と終了時間を全員で確認する」
- [ ] **⑦実践のタイミングが「ついでに」になっているか**
  - NG　「毎日、新聞を読む」『週1回はレビューを発表する」
  - Good　「通勤電車の中で新聞を読む」「毎週金曜日15時に開催される定例会議のときにレビューを発表する」
- [ ] **⑧アウトプットで他者へ「見える化」できているか**
  - NG　「英単語を10個覚える」「キャッチコピーを入れた資料をつくる」
  - Good　「覚えた英単語を掲示板に書く」「資料をつくったら部内メールに流す」

第3章

ラクして達成する人の「経験を振り返る」技術

第3章
の
ゴール

自分を客観的に見つめ、経験から学べる人になる

振り返りの目的は、「新たな行動を見出すこと」です。「反省」だけでは何も変わりません。経験から学ぶためには、反省より「内省」が必要です。内省とは、経験を深く振り返ること。この章ではその方法を詳しく解説します。

日報・週報などの報告ツールは、つい「できていないこと」に着目してしまいます。これでは「やる気」が減退するだけ。逆に「できたこと」に着目することで、自己肯定感が上がり、成長欲求のスイッチがONとなります。自分を見つめる力をつけると心のフタが開き、もう一人の自分が見えてきます。

その上で、「本当にできたといえるのか？」と自問することが有効です。

深い振り返りをする技術として、①詳細な事実、②原因の分析、③本音の感情、④次なる行動、の4つの要素を盛り込んだ文章を書く方法を学びます。こうした内省のために、1週間にたった15分を使うだけで「気づき」を得ることができるのです。

この章では、「経験から学べる人」としての主体性と行動変容力を身につけます。

第3章の全体マップ

Start

学べるはずの経験をスルーし、毎日まったく成長していない

自分を肯定的に見る　01 02

「できたこと」を見つめて自分を肯定すると成長欲求のスイッチが入るので、
「本当にできたとはいえないのではないか」という批判的な思考や
本質的な見方をする質問を自分に投げかけることができる

報告文の落とし穴　03

管理目的の日報・週報は
やる気が減退する

感情を見つめる　04

自分を肯定的に素直に見つめると心
のフタが開く。プラス・マイナスの感情
の理由を考え、認知のパターンを知る

経験を深く振り返る（内省する）技術　05

以下の4要素を盛り込み300〜450字程度に文章化する
①具体的に何が起きたのか、事実を認識する
②それはなぜ起きたのか、原因を分析する
③どういう気持ちなのか、本音の感情に触れる
④次はどう行動するか、確実に実践できる行動を計画する

データからわかる成長　06

登場人物が増える
文章力が伸びる
感覚的から論理的に変わる
ネガティブからポジティブに変わる
短絡的から考察的に変わる
受動的から能動的に変わる

Goal

「自ら気づく力」
分析力・思考力・感情コントロール力を高め、
主体性と行動変容力を身につけた人になる

Point 01

ほとんどの人は「できなかったこと」しか見ていない

自分の「できなかったこと」を見つめる“反省”ではなく、「成長欲求」のスイッチをONにして、自分の行動を素直に深く振り返る、“内省”こそが、ラクして達成するためには必要です。

反省しているだけでは何も変わらない

みなさんは、1日の終わりに今日を振り返って、「今日はこんなことがあったな」と思いを巡らせることはあるでしょうか。日記を書きつづる人もいるでしょう。同じように会社内でも、日報や週報などの形で、その日やその週の成果を振り返り、翌日や翌週の行動予定を計画する人も多いでしょう。

このように、過去の自分の行動や言動を思い出して、かえりみることを「振り返り」と呼びます。昨日より今日、今日よりも明日と、よりよくしようとするとき、過去の自分をかえりみて考えるのはとても大切なことです。

目標達成する人は、必ず経験から学んで次に活かしています。ただ、問題はその振り返りの中身です。

過去を「かえりみる」とき、「反省」という言葉がよく使われます。「反省」することはよくありますが、実は、そこに目標達成を阻む大きな問題が隠されているのです。

さて、「反省」とはいったいなんでしょうか？　辞書を引くと、

はん‐せい【反省】

1　自分のしてきた言動をかえりみて、その可否を改めて考えること。「常に反省を怠らない」「一日の行動を反省してみる」

2　自分のよくなかった点を認めて、改めようと考えること。「反省の色が見られない」「誤ちを素直に反省する」（出典：『デジタル大辞泉』）

とあります。つまり自分がしてしまった「失敗」や「過ち」を認めて、直そうとすること。自分のダメだった部分を見つめようとしているわけです。

言い換えると、反省とは、「できなかったこと」を見ているのです。

「できなかったこと」を見るのは、心理的に気持ちのいいことではありません。反省では、「やる気」が上がるどころか減退していきます。自分の過ちを認め、自戒し、改めようとすることは、キツイことだからです。だんだん自信がなくなり、しょんぼりしていくのです。

「またお客さまへのプレゼンが失敗した。自分はなんてダメなんだろう。しっかり練習して取り組んだのに。次もうまくいく気がしない。どうしよう。私はこの仕事に向いてないいんじゃないのか……」と凹みます。

「できなかったこと」「失敗したこと」「ダメだったこと」を見つめ続けると、だんだん深い思考ができなくなっていきます。そして、まったく行動を変えることができず、成長しない人になってしまうのです。

また反省の場合、たとえ明るくがんばろうとしていても、その場だけ取り繕って「形だけで、深く考えないクセ」が身についてしまいます。

また、「今日はダメだったから、明日から気合い入れてがんばろう！」と言う人もいます。これは精神論であり、まったく経験から学んだとはいえません。最悪の場合、「すみませんでした」と非難を避けるために言い逃れのような言葉が出てきたりします。これでは、気をそらしているだけでまったく思考してはいません。

このままでは、経験から学ぶどころか、周りに取り繕うあまり「経験をスルーするクセ」がつくだけです。また、次にすべきことを考えていないので、たいていまた同じ結果になって、いっそう自信を失ってしまいます。このように、反省するだけでは、何も変わらないのです。たとえ一時的によくなったとしても、長続きしないでしょう。

目標達成においても同じことがいえます。反省ばかりではやる気が続かず、目標達成につながりません。

一方、自分の経験を「深く振り返ること」を「内省」と呼びます。内省とは読んで字のごとく、内（自分の行動や考え）をかえりみる行為です。目標達成をするには「反省より内省」が重要なのです。

この本でいう反省と内省の違いは、下の図のようになります。

「経験から学ぶ」ってどういうこと？

みなさんは、子供のころや学生時代に、どんな経験をしてきたでしょうか。

子供のころは、自然や他人との関わりから多

本書でいう反省と内省の違い

シーン	反省	内省
行為の対象	他人や上司など周りの人	自分自身
着眼点	よくなかったこと 失敗したこと	よかったこと うまくできたこと
自己肯定感	下がる	上がる
動機づけ	外発的な動機づけ	内発的な動機づけ
主体性	受動的、やらされ感	主体的、自ら動く
責任	他責。言い訳して他人や環境のせいにしやすい	自責。自分の問題と捉えてなんとかしようとする
行動変容の継続性	単発で終わりやすい	よりよくしようと改善・改良が続く
価値観	他人の価値観	自分の価値観

くを学んでいます。たとえば、川遊びをしてザリガニを手づかみで取った経験から「勇気を持って挑戦すると、いいことがある」ことを学んだり、友達とケンカして仲直りするまでの経験から「相手の気持ちになることの大切さ」を学んだりしています。

また、受験勉強を乗り越えたことで「どんなこともあきらめない大切さ」を学んだり、学生時代に、クラブ活動で「チーム一丸となって戦うことの大切さ」を学んだりしています。

過去とは「経験の固まり」です。見たり、聞いたり、行動したり、発言したり、感じたり、考えたり。これらはすべて経験です。人には過去のすべての経験が、実体験として体に染み込んでいます。人は誰でも経験から多くを学び、自分なりの教訓を得ているのです。ちょっと大げさに言うと、「人生は学びの連続」ということです。

しかし、この「経験から学ぶ」ということを目標達成に活かそうとするときには、無意識ではうまくいきません。問題なのは、〝成長したいという気持ち〟いわゆる「**成長欲求」が低いと、せっかく経験したのにスルーしてしまう場合が多いこと。学べるチャンスに気づかず、経験をムダにすることになる**のです。

「一を聞いて十を知る」という論語のことわざのように、一事が万事のごとく、一つの経験を活かしていろいろなことに応用できる人と、1つの経験が1つの意味にしかならない、場合によっては何も活かされない人の差はなんでしょうか。同じような基準で採用された新入社員なのに、10年も経つとビジネスパーソンとしての実力に大きな差が生まれるのはなぜでしょうか。同じような経験をしてきたのに生まれるこの差。実は、「成長欲求」の差が原因です。経験から学び成長するためには、自分は伸びる！　自分でも変えられる！　と「成長欲求」を高めておく必要があります。ただ無理やり周りから「成長したい気持ちを持て」と言われても疲れてしまいます。

人は〝より成長したい〟という気がないと経験から学びとろうとはしません。まるで「成長欲求」というスイッチがあるかのようです。

では、どうやったらこのスイッチが入るのでしょうか？

［ひとことコラム］

アメリカの心理学者アブラハム・マズローは、人間の欲求を5段階の階層で理論化しました。成長欲求とは、マズローの欲求5段階説の最上位の自己実現欲求のことです（彼は晩年、自己実現欲求のさらに上に「自己超越欲求」

があるとも説きました）。

じこ‐じつげん【自己実現】

1　自己が本来もっている真の絶対的な自我を完全に実現すること。

2　転じて、自分の目的、理想の実現に向けて努力し、成し遂げること。

（出典：『デジタル大辞泉』より抜粋）

もっと自分を好きになれる。「成長欲求スイッチ」ON！

みなさんは、毎日、自信を持って仕事をしているでしょうか。なかなかうまくいかず、自分を責めることもあるでしょう。

自分をありのままに受け止められる心の状態を、「自己肯定感」といいます。自分のことを、欠点も含めて「かけがえのない大切な存在」だと認めることができる人は、自己肯定感が高い人です。

その自己肯定感を高めておくと「成長欲求」のスイッチが入りやすくなります。そのためには日々の仕事の中で「できたこと」に着目する必要があります。「できたこと」を事実として、自分で自分を認めていくのです。次第に「自分にもできるんだ。変えられるんだ！」と成長欲求のスイッチがＯＮになります。肯定的な「自己認識」がされた瞬間です。

「成長欲求」のスイッチがＯＦＦのままだと、仕事の質を高めてよりよくしようとも思わないので、何かを経験してもスルーしてしまうのです。「自分で考えて自分から新たな行動を起こすこと」を〝主体性〟と呼びますが、それを発揮することを無意識に避けている状態に陥ります。

「私はこのまま変わらないでいいのだ」と無意識に思い込んでいることは、ある意味で怖いことでもあります。

私たちは子供のころから、「できないこと」に着目させられる環境にいました。学校では、テストの点数によって優劣が決められていました。また完璧主義に陥って「できている」のに「できていない」と思い込んでしまう場合もあります。「欠けていること」「失敗したこと」のほうに先に目がいってしまうのも、また他者と比べて「自分は足りてない」「自分はダメだ」と思い込んでしまうのも、人間には「欠けたところに先に目が行く」という特性があるからであり、仕方ないことですが、それでは自己肯定感が下がるばかりです。

そうであるなら、「私たちは、自分の肯定感を下げよう下げようとする状況の中で生きているんだ」と割り切った上で、意識的に自己肯定を上げる活動が大切になります。それは「できたこと」に着目し、「よくできたなあ！」「私もけっこうやれているね！」と、自分を見る目を肯定的な目に変える活動です。専門的には「ビリーフ」と呼ばれる、「自分のものの見方や考え方を制限している思い込み」を取り払っていくことです。「できたこと」を見ることで、自分の成長を阻害している〝自分を見るフィルター〟を変えていくことができるのです。

ただ、現実を見ずに「私はすごい」などと無理に自分をほめる必要はありません。正しい自己肯定感を持つためには、どんなに小さくてもよいので、「できた事実」を見つめることが大切です。**「できたこと」を見ることで、自分をありのままに受け止めることができるようになり、どんどん自分を好きになっていける**のです。そして「できたこと」をさらに磨いて、よりよい行動を見出そうと意欲が出てきます。結果として、目標を達成します。まさにラクして達成する人は、自分のことが好きな人なのです。

Point 02

「できたこと」から学ぶためには何が必要か？

「できたこと」を漠然と振り返ってもあまり意味がありません。深い振り返りにするためには、成長欲求のスイッチをONにした状態で、自分自身に「本当にできたといえるのか？」という質問を投げかけます。

「できた」経験から学ぶために自問すること

プライベートのことに関しては、子供のころから経験を通じて人生の教訓を得てきたにもかかわらず、仕事になると、なぜか経験をスルーしてしまい、そこからなんの教訓も学んでいない人が見受けられます。これはなぜなのでしょうか？

それは、「与えられた仕事をさばく」だけの思考に陥ってしまい、「できたこと」を「はい、終了」として〝済み〟にしまう傾向があるからです。言い換えると、次々と押し寄せてくる仕事を、ただこなしているだけになっているからです。これでは、仕事をたくさんこなせても、やり方をよりよく変えていくことはできません。

一方で「できなかったこと」に対しては、よく反省します。日報や週報でも「できなかったことを反省し、いかに改善するか」をレポートすることがほとんどではないでしょうか。これでは成長欲求のスイッチはＯＦＦのまま。主体性は発揮されず、受け身の状態が続くでしょう。

ラクして達成するために、経験から学び、新たな行動を見出すためのプロセスを考えると、

・「できた」ことに着目する
・自分を認め、自己肯定感を高める

・状況を素直に見つめられる状態とする

ここまでが、「成長欲求」のスイッチをONにする活動。すなわち「行動を深く振り返る」準備活動です。その上で、

・思い込みや決めつけを排除して、多様な視点で次に何をすべきかよく考える

というステップに進みます。

ただなんとなく漠然と「振り返る」だけでは何も起きません。主体性を発揮するためには、このようなステップで「深く振り返る」ことが必要となるのです。

ではみなさん、先週、自分がどんな仕事をしたのか、思い出してみてください。その中で「できた」ことを、最低でも一つ思い浮かべてください。

たとえば、次のような経験をしている3人がいました。

・〈営業担当Aさん〉取引先に見積りを提出し、やっと新規の受注ができた
・〈技術部門Bさん〉設計について、製造部門と話し合い不具合の原因を突き止められた
・〈管理職Cさん〉部下の面談を行い、プロジェクトのリーダーを引き受けてもらえた

みなさんも、このような仕事を日常的にしていることでしょう。これらはすべて「できた」ことです。まず自分を「よくできた」「なかなかよくやってる」と肯定的に認めてください。「これは簡単な仕事だから、できて当たり前」と考える必要はありません。他人と比較するのではなく、素直に自分を認め、「成長欲求」のスイッチをONにする。その上で次に進みます。

行動の積み重ねによって、目標達成が可能になることは言うまでもありませんが、ただ単純に行動が「できた」「できなかった」で「○」や「×」をつけてしまっては、「やったか、やらなかったか」だけの作業目線となってしまいます。すると次第に「仕事をただこなせばいい」というタスク思考に陥ります。それでは思考は浅いままです。

行動は、ただ実施すればいいというわけではありません。〝行動の結果の質〟を問う必要があります。まさに成果を問うのです。成果の追求には、本質的な「究極の質問」を自分に対して

投げかけます。それは、

「果たして本当に〝できた〟といえるのか？」

という問いかけです。せっかく〝できた〟のに、それを疑うのです。

先ほどの3人に、この質問をしたらどうなるでしょうか。3人が「できた」ことに着目し、なお経験から学ぼうとしている人なら、こう答えるでしょう。

営業担当Aさん：「取引先への見積りが一発で通り、大満足でした。あまりにも簡単に通ったことが不思議です。もしかしたら価格が安すぎたのかもしれません。早速、他社の価格も調査してみます」

技術部門Bさん：「こちらが思っていたよりも、品質の要求レベルが高いことがわかり、設計を修正しなくてはならなくなりました。最初からわかっていたら、やり直さずに済んだのに悔しいです。これからは、製造部門の担当者から事前に情報をもらえるように働きかけたいと思います」

管理職Cさん：「部下との面談でした。改まった席だからか、真剣に答えてくれました。ふだんは線が細いなと思っていたのですが、意外と頼もしいことを言ってくれて嬉しかったです。これからは、もっと彼の違う面を見てあげる必要があると思いました」

3人とも「できたこと」に着目した上で、「もっとこうすべきだ」とさらに深く考えています。そして、Aさんは「他社も調査する」、Bさんは「他部門に働きかける」、Cさんは「部下の違う面を見る」と、新たな行動を見出しています。「できたこと」で満足せず、「果たしてこの仕事は、本当にできたといえるのか？」と成果に疑問を持ち、前向きに次に何をすべきか考える。そうして自分の仕事の質を高めようとしているのです。

これも、3人が「できた」自分を認め、「成長欲求」をONにしているからできることです。**「できたこと」を肯定的に見つめる心の状態があるからこそ、「本当にできたといえるのか？」という、批判的な見方・本質的な見方をする質問を自分自身に投げかけることができる**のです。

自己肯定感が低い状態で自分の行動を批判的な見方をすると、何か否定されたような気持ちになって考えることを避けてしまい、〝そうではない〟と言い訳をしたくなります。それでは、深い振り返りはできません。〝批判的思考〟と訳される「クリティカル・シンキング」という問題解決のための思考スキルがビジネススクールなどで教えられていますが、これは要するに「仕事の結果を鵜呑みにしない」ということ。**「できたこと」の中にこそ、本質が隠されている可能性がある**のです。

このように、仕事の質を高めるには、仕事の一つひとつから、さまざまなものを学び取る姿勢が大切です。次から次へと押し寄せてくる仕事に埋没しがちな現代のビジネスパーソンだからこそ、一つひとつの経験から学ぶ「行動を深く振り返る」技術が必要なのです。

本当に「できた」といえるのか？ 経験を振り返るということ

「取引先に見積りを提出し、やっと新規の受注ができた」という先ほどの営業担当Aさんの例を、もう少し詳しく見てみましょう。

受注したことで満足してしまったら、何も学びはなかったはずです。でも「もしかしたら提示した価格が安すぎたのかも」と考えています。実は、Aさんの目標は「担当商品の利益率を前年対比で150％とする」でした。つまり、取引先との契約を、もっと有利に運ぶ必要があったのです。

そこで、見積りが通って受注しただけでは、本当に「できた」とはいえないと疑問を持ち、深く思考したのです。まさに「目的思考」をしたといえます。

目的思考をするには、次のような問いかけが効果的です。


「果たして本当に〝できた〟といえるのか？」

「そもそもなんのために行っているのか？ 目的は何か？」

「目的から考えると〝本当に〟このやり方で十分なのだろうか？」

「ほかにもやるべきことはないのか？」


Aさんは、すんなり見積りが通ってしまったことを疑い、目的である「利益率アップ」を考えたとき、「もっと高い価格でも通ったのではないか?」と疑い、「競合他社の卸値に変化はないのか?」と考えて、他社調査をした上で、今回の受注金額の利益率が的確かどうかをチェックしようとしています。

つまり「見積りを提出して受注する」という経験から目的思考をすることで、次の行動へ活かしています。これこそまさに「経験に学んでいる」と言えるのです。

Point 03

管理目的の「日報」「週報」は、やらされ感を助長する

ただ日報を書くだけでは、モチベーションを上げることはできません。誰かに向けて書くことを前提としているため、自分の内面からの意欲が湧き上がることが少ないからです。

日報・週報には、落とし穴がある

会社には日報・週報といったマネジメントツールがあります。行動計画表として「いつ、何をやるか」という計画を立て、日々チェックして進捗を管理します。

多くの場合、「目標達成度」「作業実績」「反省」「改善策」を記入するようになっています。自分自身のセルフマネジメントに役立つだけでなく、組織内で共有することで、誰が何を行っているかがわかるすぐれもの。確実に計画を実践するためには便利なツールといえます。

ところが、このマネジメント手法には、大きな欠点があります。それは、**「やること」を管理することばかりに主眼を置きすぎて、「やる気」に対する考えが足りないこと**です。

目標に向かって行動を前向きに喚起することを、「動機づけ」といいますが、外的な報酬（たとえば給料）による「外発的動機づけ」に対して、自分の内面から意欲（やる気）が湧き上がることを「内発的動機づけ」といいます。

人は機械ではありません。感情の動物です。いくら「外発的動機づけ」を働きかけても、動かないものは動きません。または最初だけは動いても、すぐに止まってしまいます。目標達成に向けて行動を続ける原動力には、内から湧き上がる意欲＝「内発的動機づけ」に優るものはありません。自然に湧いてくるので、肩に力が入らずラクに達成できます。

「できなかったことを反省し、原因を考え、改善策を書く」という**日報・週報の手法は、計画を確実に実践させるための管理手法としてはよいのですが、"主体性"を発揮させるためのツールとしては不適格**です。ともすると、改善策もろくに考えられず、決められたことを続けるだけの受け身の態度を助長するツールになってしまっている場合もあるのです。

考えてみれば、日報・週報は、「報」がついているので、明らかに誰かに向かって「報告」する道具です。通常の報告相手は上司でしょう。要は「上司に向けて」書いているのです。自分を評価する上司に向けて書くということは、ある程度「とりつくろって」しまうことは避けられません。ありもしないことを「よく書こう」とすることは論外ですが、悪気がなくても無意識に、格好をつけた文章になりがちです。

学生時代からレポートを書くことに慣れた人なら、他人が読むことを意識した文章を書くのがうまいものです。また、報告業務の多いビジネスパーソンは、それなりの立派な文章を書くことに慣れています。そこに落とし穴があります。誰かに向かって書くことで受け身の文章になりがち。主体性は発揮されにくいでしょう。日報・週報は、人に向かって報告する道具である時点で、やる気を喚起する道具としては向いていないのです。

〔ひとことコラム〕

私は企業内で行われる社員向けのアンケートのサービスを、10年以上行ってきました。〝従業員満足度調査〟や上司・部下・同僚が匿名でお互いを評価する〝360度フィードバックアンケート〟です。そこでわかったことは、本社の人事や総務部門が行うアンケートで、社員に本音を回答させることに苦労している会社があることです。

専門的には「バイアスがかかる」という表現をしますが、先入観があったり、周りに気を使ったりするあまり、回答内容に偏りが出てしまうのです。

これは社員が何か隠蔽しているとか、風土が悪い会社だからということではありません。目に見えない組織の力学とでもいいましょうか、誰でも、「上にはよく見られたい」という意識が働くのです。部下と上司の関係構築が良好で、経営陣に対して全社員が信頼を寄せている会社であったとしても同様です。企業内で「誰かが誰かを評価する」という仕組みがある以上、社内で行われるアンケート調査にバイアスがかかることは仕方のないことかもしれませんが、それを考慮した活用が求められています。

ここで営業パーソンのDさんの週報の例を見てみましょう。

Dさんは「毎月20件の商談をする」という目標のために、「毎週5件のアポ電話をする」計画を立てています。ある週、Dさんは提案書の作成に手間取り、アポイントメントの電話を1件しかかけることができませんでした。Dさんの週報の改善策にはこう書かれています。

「今週は忙しくて、アポイントメントの電話を1件しかかけられませんでした。やっと提案書が完成したので、来週は遅れを取り戻したいと思います」

やろうとしていることはよくわかるのですが、精神論や根性論に陥っています。これで本当に目標を達成できるのかは疑問です。Dさんには本当の課題が見えていないようです。

本来であればDさんは、次のような自問を行う必要があります。

「アポ電話をかけられなかった理由はどこにあるのか？　忙しかっただけが理由なのか？」
「毎月20件の商談という目標達成のために、毎週5件のアポ電話で十分なのか？　ほかにもやるべきことはないのか？」

「そもそも、このアポ作業は、自分のやるべきことなのか？　外注化すべきでないのか？」

Dさんが週報を書くとき、こうしたことを考えた形跡はありません。そのため、Dさん自身が目標達成に対してどう考えているかがわかりません。

日報・週報の落とし穴は、ここにもあります。

つまり、目標達成のための行動が効果的でないことを本人が認識しないまま、最初に決めた行動計画をダラダラと行っていることがあるのです。変化が激しい多様性の時代にこのようなやり方をしていると、目標にたどり着かないばかりか、「やらされ感」が出てきてしまいます。また、がんばっているつもりになっているのに成果が出ないので、「他人や環境が悪い」と他責の気持ちになりがちです。

このように、管理のための日報・週報は、使う人のやる気を減退させてしまいます。

そこで、このような管理目的の「ネガティブ日報・週報」を改良し、主体的に新たな行動が次から次へと起きるような、前向きになれる「ポジティブ日報・週報」に転換させていく必要があるのです。

Point 04

心のアップ・ダウンを乗り越える「自分の感情」のコントロール法

行動を深く振り返るためには、自分の感情をコントロールできることも大切です。この技術を身につければ、もうイライラすることも、落ち込むこともありません。

外からもう一人の自分を見る「メタ認知」

「今週は時間がなくてできませんでした。すみません。来週からがんばります」――こんなことを言ってしまうことがありませんか？

残念ながら、これは言い訳です。**実は、自己肯定感が下がっていると言い訳が多くなります。**また「私はこんなタイプだから」と自分を決めつけて、殻から出ようとしない人もいます。自分を成長させてくれるのは自分ですが、それを邪魔するのもまた自分なのです。

深層心理として、人は誰もが心に「フタ」を持っています。心の奥をいつも全開にしている人はいません。

では、このフタの奥には、何があるのでしょうか？

それは、子供のような純粋な心です。普段、人に見られるものではありませんし、自分でも意識することはありません。フタは、その純粋な心が傷つかないように守っている防御壁です。ただ過去の傷ついた経験などでこのフタは厚くなっています。

しかし、自分のことを肯定的に素直に見つめ続けると、少しずつそのフタが開いてきます。

すると「自分はこうありたい」「自分はこうしていきたい」など「思い」がふつふつと湧きあがってきます。「成長欲求」のスイッチが入った証拠です。

　自分を素直に見つめることを続けていくと、次第に外からもう一人の自分を見ているような感覚になってきます。専門的には「メタ認知」と呼びます。メタとは「高い次元」という意味。まさに客観的に自分を俯瞰して見つめている状態です。メタ認知とは、一段上から現実世界の自分をモニターして、冷静に認識することで、状況に合わせて考え方や行動を修正していく一連の活動をいいます。

「いつも冷静に自分を見られるなら苦労しないよ」という声が聞こえてくるようです。人間に

心のフタ

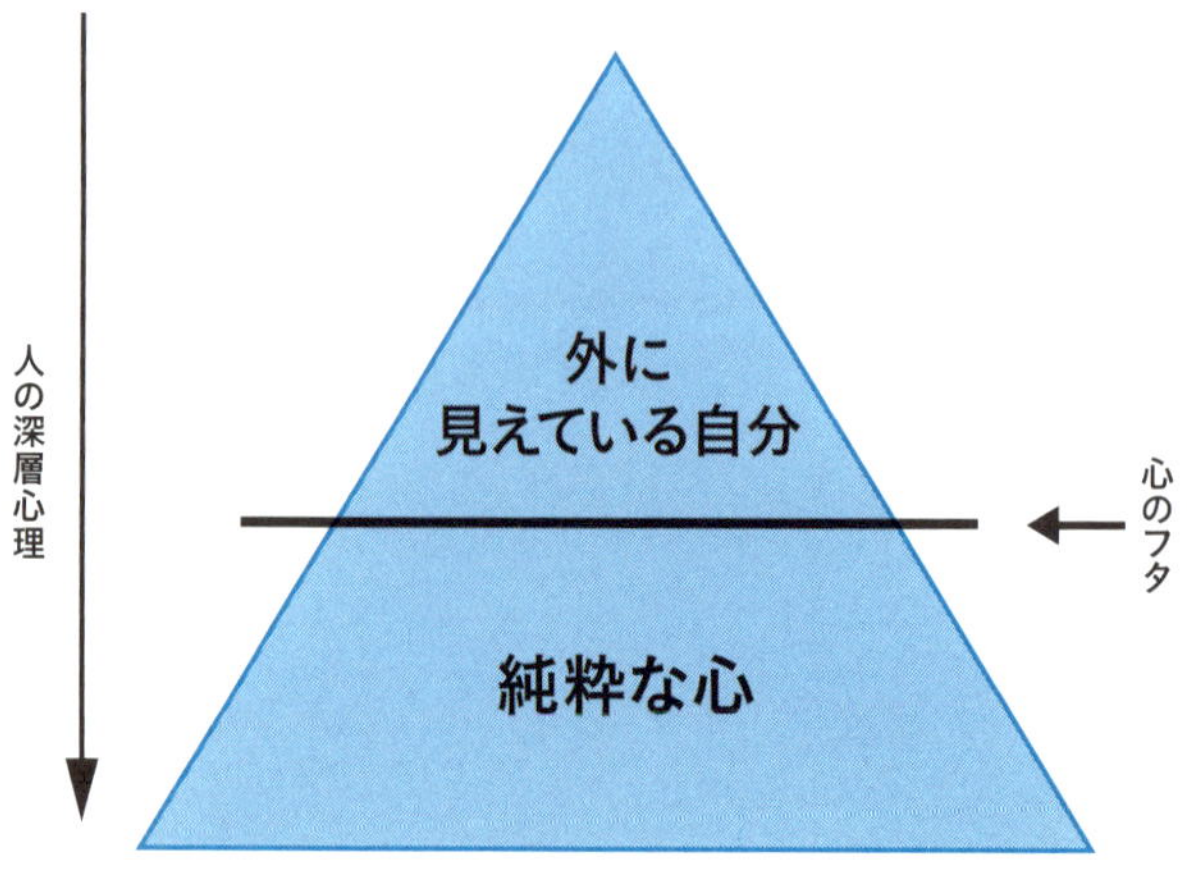

は感情があるので、自分を客観的に見るのはなかなか難しいことです。感情が先に立ってしまい、冷静に考えられず、短絡的な思考になってしまいがちなのです。

でも、そこを乗り越えないことには、感情に振り回されてしまい、思考は深まりません。

自分を素直に見つめる

自分と向き合い切れない人は、「できない自分」を認めて傷つきたくないので、無意識に心のフタを閉じています。なぜなら、フタを開けると自分が傷つくことを知っているからです。

無意識に湧き出す「マイナス感情」に支配されてしまい、言い訳や逃げたい気持ち、または他者への攻撃の気持ちが浮上してきます。する

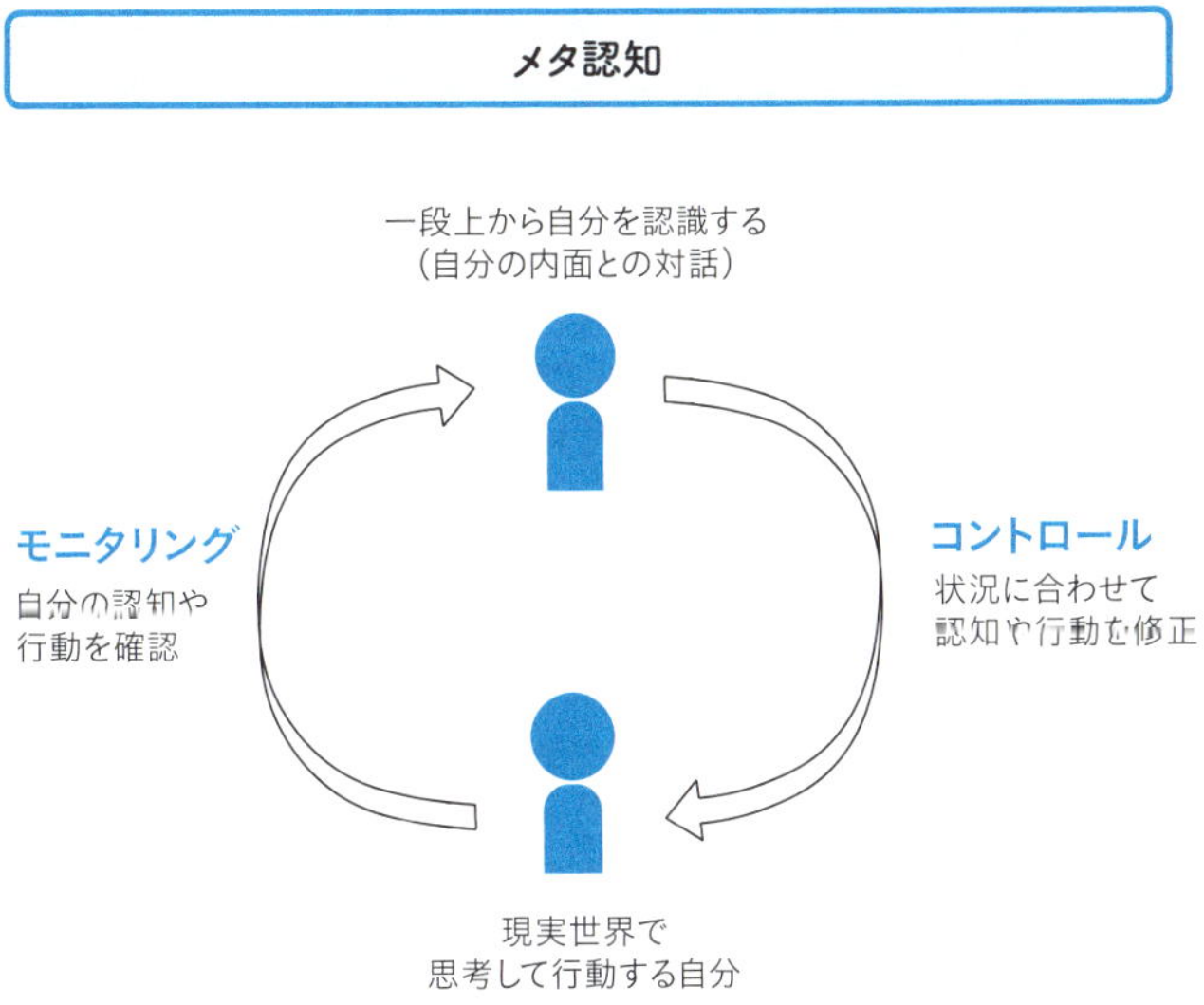

と、ものの見方が浅くなってしまいます。それでは、本質に迫る自問をすることができず、「新たな気づき」を得ることはできません。

そうならないためには、自分の感情をコントロールする術を習得しましょう。心の中に、もう一人の自分が見えてきたら「勝ち」です。いつでも本質に切り込めます。

感情の認知のパターンを知り、「思考」「感情」「行動」を分けて考える

「嬉しい」「悲しい」「楽しい」「さびしい」など人間の感情はさまざまです。

ここで質問です。次のような出来事があったときに、どんな感情が湧きますか？ どんなことを瞬間的に考えるでしょうか？

［出来事］セミナーで、ある人と名刺交換した。早速、翌日メールで「面談の申し込み」を行ったのに、1週間返信がない。

人の感情ですから正解はなく、答えはさまざまですが、みなさんの感じ方は、大きく次の3つに分かれるでしょうか。

［パターン1］思考（考え）：きっとお忙しいのだろう
感情：心配
［パターン2］思考（考え）：嫌われてるのかもしれない
感情：不安
［パターン3］思考（考え）：なんて失礼な人なんだろう
感情：怒り

このように、何かの事柄に対して、自動的に起きる思考があります。これによって感情が生まれます。瞬間的なことなので、コントロールはできません。これを「認知のクセ」と呼びます。人はそれぞれ考えや価値観を持っていますし、その人が置かれた状況によってもこの自動思考は変化します。

ある感情が生まれたとき、その感情を観察して「なんでこのような気持ちなのだろう」とその理由を考えることによって、認知を再認識して考え方を変えることができます。

たとえば、先ほどの例では、瞬間的には「なんて失礼な人なんだろう」という怒りが湧き上がるかもしれませんが、冷静に考えたら「確か最近とても忙しいと言っていたな。もしかしたらメールを開く時間もないかもしれないぞ」と「やさしい気持ち」が芽生えるかもしれません。

大切なのは「最初に自分の感情を理解すること」なのですが、そのためにはまず感情を言葉にする必要があります。感情には、喜怒哀楽といった簡単な表現もありますが、本当にさまざまな考え方があります。一例として、アメリカの心理学者ロバート・プルチックが1980年に発表した「感情の輪」というものがあります。その中の8つの基本感情とは、

- 期待（anticipation）
- 喜び（joy）
- 信頼（trust）
- 恐れ（fear）
- 怒り（anger）

・驚き(surprise)
・悲しみ(sadness)
・嫌悪(disgust)

の8つです。筆者なりにこれらの感情を平易な言葉で表してみると、次のようになります。

・期待(anticipation)……「面白そう」「わくわくする」「興味がある」など
・喜び(joy)……「嬉しい」「楽しい」「素晴らしい」など
・信頼(trust)……「よくやった」「誇らしい」「さすがだ」など
・恐れ(fear)……「心配だ」「焦る」「こわい」など
・怒り(anger)……「イライラする」「腹が立った」「ひどい」など
・驚き(surprise)……「驚いた」「びっくりした」「予想外だ」など
・悲しみ(sadness)……「悲しい」「さびしい」「泣きそうだ」など
・嫌悪(disgust)……「嫌だ」「こりごりだ」「うんざりだ」など

自分の気持ちをこのような言葉にすることで、感情の理解が始まります。大切なのは、「プラスの感情もマイナスの感情も両方とも重要」だということ。決してプラスがよくてマイナスが悪いなどと考えないでください。**両方とも、大切な自分自身なのです。むしろ、マイナスと向き合うからこそプラスに転換できる**ものです。

そして、より大切なのは、「その感情が起きた理由も考えること」です。自分はどのような状況で、どのような感情が湧くのかというパターンを知っていることは、とても有益です。すると冷静に感情をコントロールすることができるようになります。たとえば、

- **プラスの感情(嬉しい、楽しい、よかった……など)の理由は何か**
- **マイナスの感情(心配だ、悲しい、腹が立った……など)の理由は何か**

とその感情になった理由を考えることで、自分の認知のクセを知ることができます。「自分はこういう状況になると、こういう感情になるんだな」と知っていることによって、短絡的な思考にならず、冷静になれます。さらにその後の行動をもコントロールすることができるのです。

自分を見つめるとイライラから解放される

たとえば、目標達成に向けてうまくいかず、イライラすることもあるでしょうし、クリティカル・シンキングのような目的思考をすればするほど、足りないことに気づき、不安に苛《さいな》まれることもあるでしょう。人間ですから当然です。

しかし、「感情の変化」を観察するクセをつけることで、イライラするときや不安なときでも、次第に気分を落ち着かせることができるようになります。

なぜなら、常に自分を外から眺める力――まさに「メタ認知力」がついているからです。たとえば、イライラしている理由を考えている時点で、「イライラしている自分」ではなく、「イライラしている自分を観察している自分」になっているのです。

「行動を深く振り返る」技術は、自分の頭の中の考えを文章化する技術でもあります。文章化すると、自分を客観視できます。思い込みにとらわれている自分から解放し、「素直に見つめる」ことは、精神論の世界ではなく、技術（スキル）です。したがって、訓練によって誰もが習得可能なのです。

Point 05

振り返りには必ず「4つの要素」を入れる

行動の振り返りには「4つの要素」が必要です。この4つの要素を踏まえて、1週間に1回、15分を使って300～450文字程度の文章を書くと、目標達成のために効果的な行動変容が自然に生み出されます。

目標達成への気づきをラクに引き出す「深い振り返り」の4要素はこれだ！

「できたこと」に着目し自己肯定感を高め、状況を素直に見つめられる状態（成長欲求スイッチON）になったら、いよいよ経験を深く振り返ること、すなわち内省の実践です。

振り返りの目的は、あくまで「新たな行動を見出すこと」です。経験を振り返り、目標達成のために自問しながら、行動をどう改良すればいいのかを発見する思考プロセスです。

内省といっても、単に本音を吐き出すことが目的ではありません。それでは単なる賞賛や感覚的な歓喜だったり、自責の愚痴や他責の非難のオンパレードになったりする可能性すらあります。それでは正しい振り返りとはいえません。ここでいう振り返りは、あくまで目標達成に向かって前向きに行動変容を生み出すための思考技術なのです。

この項では、目標達成のための「行動の振り返り」の実践技術を説明しましょう。

深く考えて振り返るためには、「4つの要素」が含まれていることが必要です。それは、**①詳細な事実、②原因の分析、③本音の感情、④次なる行動、**の4つです。

順番に説明していきましょう。

①詳細な事実

まず「行動と結果」を詳しく振り返ります。どこでどのようなことがあったのか、自分はどう関わり、その出来事で結果的に何が起きたのかという事実をできるだけ詳しく思い出します。この際は、**4W1H+Result**を使うとよいでしょう。すなわち、いつ（When）、誰と／誰に（Who（m））、どんな場面・状況で（Where）、どんなことがあったのか（What）、どのように行われたのか（How）、そして、どのような結果が生まれたか（Result）ということです。

振り返りのスタートであるこの「詳細な事実」の確認。ここがあいまいだと先の分析が甘くなりますのでしっかり詳しく書き記すことが大切です。

②原因の分析

この「①詳細な事実」が「なぜ起きたのか？」、その根本原因を探っていきます。なぜ（Why）を繰り返すことで分析が深まっていきます。Whyは最低2回繰り返します。それを踏まえて「現状の行動の改良点はないか」と考えると「新たな行動」の方向性が見出されていきます。

さらに深く思考したい人は、ここからもう一歩進めます。

それは**クリティカル・シンキングによる目的思考**です。すなわち「できたこと」を鵜呑みに

せず、「できたとはいえない」と視点を変えて、

「〝そもそもなんのため〟に行っているのか？」
「目的から考えると〝本当に〟このやり方がベストなのか？」

と問うのです。目的から考えて、健全な批判的精神で〝できたことを疑う〟のです。

そして思い込みから脱出するために「既成概念や前例主義に陥っていないか」と問うのも効果的です。すると視野が広がって〝課題〟が浮き彫りになっていきます。そこで「まったく別の方法はないか」「見逃している重要なことはないか」と続けます。

その結果、まったく別の見方から〝創造的な行動変容〟が生み出されることになります。このように、原因の分析においては、より効果が高い「新たな行動」の方向性が示されることが重要なのです。

③本音の感情

この「②原因の分析」を通して、新たな行動の方向性が示されます。そこには少々挑戦しな

ければならないことも含まれているかもしれません。それに対して自分はどう感じているか、自分の感情と素直に向き合います。前述したように、感情はしっかり言葉にすることが大事です。168ページの「8つの基本感情」を参考にしてください。その感情の理由も書き記します。心のフタを開けて、自分の本音に迫るのです。**ここで大切になるのは「成長欲求」**です。

具体的には、「自分はこの仕事を通じてどう成長していきたいか」と問うことで、成長をイメージします。目的思考をして足りないことに気づいてしまい、不安になったとしても、「確かに少し不安だけど、これを乗り越えた暁にはこんな姿に成長できるはず」と前向きな気持ちで自分の背中を押すのです。ポジティブワードを使って自分の成長欲求とその考えを書き記すことで、行動実践度が高まっていきます。

④次なる行動

ここまで、「②原因の分析」で新たにどんな行動をすべきかの方向性が見出されており、また「③本音の感情」を書き出すことによって自分で自分の背中を前向きに押している状態です。その上で、**翌日（もしくは翌週）に確実に実践できる「新たな行動」の計画**を書き記します。

精神論や根性論はNGです。また行動があいまいな書き方もNGです。ここは第2章で学ん

振り返りに入れるべき4つの要素

1 詳細な事実

「行動と結果」を詳しく振り返る。どこでどのようなことがあり、自分はどう関わり、その出来事で結果的に何が起きたのかという事実を**「4W1H+Result」**で、できるだけ詳しく思い出す。

「4W1H+Result」とは、
- ・いつ（**When**）
- ・誰と（誰に）（**Who（m）**）
- ・どんな場面・状況で（**Where**）
- ・どんなことがあったのか（**What**）
- ・どのように行われたのか（**How**）
- ・どのような成果が生まれたか（**Result**）

2 原因の分析

「詳細な事実」がなぜ起きたのかの根本原因を探るため、なぜ（Why）を最低2回繰り返して深い分析を行い、それを基に「現状の行動の改良点はないか」と考えると「新たな行動」の方向性が見出される。

さらに深く思考したい人は、できたことを**「クリティカル・シンキング」**で疑い、「できたことの意味は何か？　“そもそもなんのため”に行っているのか」（**目的**）、「目的から考えると“本当に”このやり方で十分なのか？」（**健全な疑い**）と問いながら創造的な行動変容を見出す。

3 本音の感情

「原因の分析」を通して示された新たな行動の方向性について、自分はどう感じているか、自分の感情と素直に向き合い、その**本音の感情の理由**も書き記す。「自分はこの仕事を通じてどう成長していきたいか」と問うことで成長をイメージし
不安になったとしても、「確かに少し不安だがこれを乗り越えた暁にはこんな姿に成長できるはず」と**ポジティブワードを使って自分の成長欲求とその考えを書き記す**ことで行動実践度が高まっていく。

4 次なる行動

「原因の分析」「本音の感情」を踏まえて、**翌日（もしくは翌週）に確実に実践できる「新たな行動」の計画を書き記す**。このときに、その行動を**「いつ」実践するのか**は必ず記すこと。

「原因の分析」で見出された行動の難易度が高すぎた場合は、「まず、こんなことから始めてみよう」と確実に実践できるシンプルなものに変える。

第2章の「行動習慣化8つのチェックリスト」を参考に、より続けやすい行動計画を考える

だ「行動習慣化8つのチェックリスト」（133ページ）を参考に、確実に実践でき、習慣化されやすい行動計画を書きましょう。とくにその行動を「いつ」実践するのかは必ず記す必要があります。繰り返しになりますが、行動が実践されるかどうかは、計画した時点で9割決まっているのです。もし、〝原因の分析〟で見出された行動の難易度が高すぎた場合は、「まず、こんなことから始めてみよう」と確実に実践できるレベルに落として計画してください。行動をシンプルなものに変える習慣は、行動実践力を高める上でとても大事なスキルといえます。

以上の4つの要素で経験を振り返っていきます。

具体例の解説

ある営業担当者が、テレアポに成功したあとの振り返りを見てみましょう。

①詳細な事実

今週の水曜日の午後1時、なかなかアポが取れていなかった凸凹商事の人事部長に、松本先輩に教わったやり方で電話をしたら、来週のアポイントメントが成功した。

②原因の分析

先輩からの「お客さまのニーズを聞きながら話すといいよ」というアドバイスを実践したところ、うまくいった。やはり電話での話し方によって成果が違うことを実感した。

ところで、なぜ忙しいのに先輩は15分も教えてくれたのだろうか？

よく考えると、あの日は出勤がいつもより早かった。朝は先輩も比較的余裕があるので快く引き受けてくれたのだろう。

ところで、この商談ステップはベストな方法といえるのだろうか？

そもそも商談の目的は今期の目標の2000万円を売り上げることだ。アポイントメントが取れたらいいというものではない。商談の数をこなせば受注が伸びると思い込んではいないだろうか。

残された時間が少ないため、商談スピードをもっと上げることが課題だ。

商品カタログを郵送して電話で商品説明をしてしまうことで商談を早められる可能性がある。

③本音の感情

まずアポが取れて安心した。また先輩のアドバイスはありがたい。

最近、苦手な電話がうまくなってきて嬉しい。

ただ、アポを取ることが目的化していて、目標を忘れていた。もっと商談スピードも考えて営業活動をする必要があった。考えが浅かった自分に悔しさを感じるが、早めに気づけてよかった。

電話で商品説明するのは初めてだが、この挑戦で営業担当としてまた一つ成長できそうだ。少し不安だがワクワクする気持ちもある。

④次なる行動

明日出勤したら、さっそく先輩にテレアポの結果とお礼を伝える。

営業の練習は、朝一番に行うと効果が高いので、これからも続けよう。

そして商談スピードを上げるため、これからは電話で商品説明を行うこととする。明日まず企画部に行って商品カタログを入手し、さっそく郵送手続きを行う。

このように、振り返ったことをすべて書き出します。次に示すように、思考しやすくするために、それぞれの問いが入っている箇条書きのフォーマットを活用することも効果的です。

①詳細な事実……何が起きたのか、その情景が目に浮かぶくらい詳しく記述する

When：いつ？
Who（m）：誰と／誰に？
Where：どのような場面・状況で？
What：何を行ったのか？
How：どのように？
Result：どのような結果が生まれたのか？

②原因の分析……根本原因を探り、行動の改良点を見出す。また目的から考えて創造的な行動変容を見出す

Why：なぜできたのか？ できた原因は何か？
Why：その原因を生み出した理由は何か？
行動の改良点：原因の分析を踏まえて、行動の改良点はないか？
〈さらに深く思考したい人は以下を続ける〉
目的：そもそもなんのために行っているのか？

健全な疑い：目的から考えると、本当にこのやり方がベストなのか？
思い込み：既成概念や前例主義など思い込みに陥っていないか？
課題：目的から考えたとき、今の課題は何か？
創造的な行動変容：まったく別の方法はないか？　見逃している重要なことはないか？

③本音の感情……今の素直な感情とその理由を見つめ、成長イメージと前向きな気持ちで自分の背中を押す

感情：原因の分析をした今の素直な感情はどうか？
理由：その感情の理由は何か？
成長イメージ：どのような姿に成長していきたいか？
前向きな気持ち：成長をイメージしたときのポジティブワードは何か？

④次なる行動……確実に翌日（もしくは翌週）に実践できる明確な行動計画を記述する

いつ：いつ実践するか明確にする。
新たな行動：新しい行動計画を記述する。行動習慣化8つのチェックポイントで改良する。

事例で見てみよう

①詳細な事実

When：今週の水曜日の午後1時ごろ
Who（m）：凸凹商事の人事部長に
Where：なかなかアポが取れていなかった状況であった
What：電話での面談依頼を行った
How：松本先輩に教わったやり方で電話をして
Result：来週のアポイントメントが成功した
（Resultを先に書いたほうがわかりやすい場合は、先頭にしてもかまいません）

②原因の分析

Why：テレアポが成功したのは先輩の教え「ニーズを聞く」を実践したから
Why：朝早く相談したから先輩はしっかり教えてくれた
行動の改良点：比較的時間に余裕がある朝の時間を活用する
目的：今期2000万円を売り上げること

健全な疑い：アポイントメントが取れればいいというわけではない
思い込み：商談の数をこなせば受注が伸びると思い込んでいた
課題：今期、残された時間が少ない。商談スピードを上げること
創造的な行動変容：電話で商品説明をすればスピードを早められる

③本音の感情

感情：電話がうまくなってきたのは嬉しい。ありがたい
理由：忙しい松本先輩に教わることができた
成長イメージ：電話で商品説明は初めて。挑戦だがまた一歩成長できそう
前向きな気持ち：少し不安だがワクワクもある

④次なる行動

いつ：明日朝
新たな行動：松本先輩にお礼と報告
いつ：毎朝一番に

新たな行動：営業の練習をする
いつ：明日
新たな行動：企画部で商品カタログをもらって郵送手続きを行う
（この例は、3つの新たな行動がありますが、1つでもかまいません）

具体的にいつ、どんな形で振り返ればいいのか？

「行動の振り返り」の実践は、いつ、どのような形で行えばよいのでしょうか。私は多くのデータを分析した結果、効果的な運用基準を見出すことができました。それは、

「1週間に1回、15分を使って300〜450文字程度の文章にすること」

です。「1週間に1回」の理由と「文字にする理由」の2つの理由を説明しましょう。

まず、「1週間に1回」の理由。これは2つあります。

1つめの理由は、習慣化に最適な頻度だからです。毎日では時間が取れず、月1回では忘れてしまいます。

振り返りは、定期的に続けることが重要。続けることで次第に、深い振り返りになっていきます。週1回なら誰でも無理なく振り返りのリズムをつくることができます。

2つめの理由は、振り返る対象の「経験」が適量だからです。1日1回では経験が少なすぎます。一方で1カ月となると、多くのことが記憶から消えているでしょう。直前の1週間のことなら、十分な量を経験していますし、詳細な点も覚えています。

よく、「何曜日に振り返ればいいですか？」と聞かれます。仕事の内容や、勤務のシフトによってさまざまですが、**一般的には週の終わりの金曜日の夕方か週の頭の月曜日の午前中がよいでしょう**。これなら週の全体を見渡して振り返りができます。また新たに始まる1週間の中で、振り返りによって気づいた新たな行動をすぐ実践することもできます。

次に、文章にする理由です。こちらも理由は2つあります。

まず1つめの理由は、自分を客観的に見つめることができるからです。**人は考えていることを「文字」することで自己理解できて「真にわかった」状態になる**といわれています。書くことで客観的になれて、自分を手放すことができるということ。つまり「思い込んでいる自分」や「とらわれている自分」また「決めつけている自分」から解放されるのです。すると次の行動に結びつきやすくなります。自分の思考を文章にするということは、「自分を解き放して成長していくプロセス」となるのです。

２つめの理由は、文章化することで、他者からも見えるようになるからです。自分の頭の中は、誰にも知られることがありません。ましてや目標達成に対してどう考えているかなど、周りが知るすべはないのです。

会社の中では、週報などの報告業務がありますが、前項で説明したように、受け身になりがちで主体性を発揮するには向いていません。振り返りはあくまで自分に向かって書いた文章ですが、それを周りの人が見ることができる状況をつくり出すことはとても効果的です。目標を達成に向かって考えていることを周りに見せることの価値については、次章（人と学び合う技術）で説明します。

「３００〜４５０文字である理由」についても触れておきましょう。

先ほどの箇条書きの書き方で、おおよそこの程度の文字数となります。なぜ３００文字が必要かというと、それは気づきを得るのに適当な分量だからです。私のデータ分析によると、２００文字以下では、非常に短絡的な思考しかできていない傾向が見られます。

４要素の各問

いを使ってしっかり深く思考した振り返りは、３００文字程度になります。

なお、②原因の分析の中で、「クリティカル・シンキングによる目的思考」まで深く振り返りをした場合は、全体で４５０文字程度となります。逆に長すぎてダラダラとした文章は、思考が散漫になりがちですので、注意が必要です。

最後に、「15分間」の理由です。人は、振り返りの文章を書いているときに、初めて考えているわけではありません。日々、仕事をしながら、さまざまなことを感じています。常に「これでいいのかな?」と考えているのです。

1日の最後に「今日の仕事はどうだったかな?」と考える人もいるでしょう。最近では、帰りの電車の中で1日を振り返り、スマートフォンを使って自分に向かってメールを書く人がいるそうです。いい記録方法ですね。

そのような思考の積み重ねがあった上で、週1回、自分がもっと高めたいと思う一つの「できたこと」について、経験を振り返るわけです。すると、**一つひとつの思考がつながり、より深い振り返りとなります**。よって15分もあれば、３００〜４５０文字の文章化が可能になるのです。

ふだん何も考えていないで、いきなり週1回考えようとすると、30分も1時間もかかってしまうでしょう。ですから、普段から考えながら仕事をすることが重要です。そのために、毎日の終わりに5分程度でミニ振り返りとして、〝できたこと〟とそれに関わる〝小さな発見〟を書き記すのです。

名づければ「**できたこと気づきメモ**」。〝できたこと〟と〝できた理由〟や〝できたときの自分の気持ち〟〝今度こんなことやってみよう〟など気づいたことのミニ記録です。これを手帳などに1、2行書いておくと、週1回の振り返りがラクになりますし、さらに深みが増すことでしょう。

Point 06

1万5000人のデータが語る「成長軌道」に乗るまでのプロセス

自分を客観的に見る力は、訓練で誰でも身につけることができます。振り返りを繰り返すと、経験から学ぶ量が増えるだけでなく、行動の質も向上し、ひいては人間力も成長します。

振り返りは深化する

私は、多くの「行動の振り返り」のデータを見てきました。その中で発見したのは、**振り返りを繰り返すと、次第に学びが深化していく**ということです。同じような経験でも、振り返りを続けることによって、学ぶ量が増え、質が上がるのです。まさに「経験から学ぶ力」が高まっている証拠でしょう。

学びの深化は、「振り返り内容の変化」に表れます。たとえばこんな変化です。

・1人称↓2人称・3人称

自分のことだけの記述だった振り返りに、上司や同僚、お客さまやパートナーといった登場人物が増えていきます。独りよがりな状態から、他者を意識する余裕が出てくるのでしょう。

・少ない語彙力↓強い文章力

最初は事実の認識が弱くて4W1Hも書くのがしんどい状態から、情景描写までしっかりできるようになるなど、文章力が格段に伸びていきます。文章力が伸びているということは、思考力もアップしている証拠でもあります。

・感覚的↓論理的

「私はこう思う」という感覚的な振り返りが、「私はこういう理由でこう思う。なぜならこうだからだ」と論理的になっていきます。論理的に説明できるということは、理解が深まっている証拠です。

・ネガティブ感情↓ポジティブ感情

感情に「情けない」「悔しい」などの感情だけが書いてあったのが、次第に「ここを次にチャレンジしたい」「乗り越えたらこうなる」という自分の成長イメージを本気で強く書くようになります。まさに成長欲求が高まっている状態です。

・短絡的↓考察的

たとえば「受注ができないのは、アポが足りないからだ」と、結果と原因の因果関係が単純だった振り返りが、「競合は？ 商品力は？ 為替相場の影響は？」と、複眼的に考察できるようになります。

分析がしっかりできるようになっているのは、視野が広がっている証拠です。

・受動的な態度→能動的な態度

最初は回ってきた仕事をただこなす受け身の状態から、自分から試行錯誤して「こんな工夫をした」といった能動的な言葉が増えていきます。まさに主体性が発揮されていく中で成長を楽しめるようになっているのです。

データを分析してみると、こうした変化は、週1回の行動の振り返りが正しく行われるようになってから3～4カ月後に如実に表れてきます。週単位で見ると、12～15週目くらいに急にパッと視界が広がり、開花します。まさに成長軌道に乗ったといえます。

開花した人は、目標設定自体を見直す行動を始めます。大きな気づきを得ると、根本から見直す必要性に気がつき、より価値の高い目標設定をするようになります。

このように、「経験を振り返る技術」は、分析力・思考力・感情コントロール力が身につき行動が前向きになるという「主体性と行動変容力」を身につける技術なのです。

第4章

ラクして達成する人の「人と学び合う」技術

第4章のゴール

周りとの関係性を強め、いい影響を与え合う人になる

孤独は目標達成の最大の敵です。あなたの挑戦を誰も知らないのでは、そっとやめても誰にもわからないでしょう。もっとラクして達成するには、人との関わりを活かすのが有効です。

人は、周りとの関わりによって気づき、成長するものです。その意味でも、「ズバリと言うこと」は、大人の思いやりといえます。また、好き嫌いで判断していた人を、「価値観や視点が違う人」だと捉えると、最も自分を成長させてくれる人となります。

フィードバックの技術は「共感＋質問」で構成されます。共感は、相手との緊張関係をなくし、質問を受け入れる準備をしてもらうこと、質問は、相手に再度「内省」を呼び起こし、新たな行動に対する「気づき」を与える問いかけを行うものです。

チームの価値は、お互いの信頼関係を醸成しながら、目標達成のために気づき合えること。相手へ向けた質問がブーメランのように自分への問いかけにもなるのです。

この章では、「周りの人との関係性をワンランク上げて、行動に影響を及ぼし合う場所」をつくり、「人と学び合う」技術を身につけることができます。

第4章の全体マップ

Start

人との関わり合いが薄い。学び合う関係でない

01 孤独は敵

人間は易きに流れる
他の人を活かす

02 他者との関係を見直す

ズバリと言うことはよいこと
人を好き嫌いで判断しない
「イラチャン」で視座を高める

03 ナナメの関係を使う

隣の部門の先輩に聞く
MVP新人は社内の知恵を結集

04 チームの価値を学ぶ

SNSの共感は軽すぎる？
チームの価値は、
お互いの目標達成に関わること

05 相互フィードバックの技術

目的：目標達成に向けて相手の内省を引き出し行動によい影響を与える

フィードバック＝（共感）＋（質問）

共感……緊張を和らげ、質問を受け入れる状態をつくる
質問……相手の行動や思考に着目し、問いかける

自分も内省：フィードバックした質問をブーメランのように自分に戻す

Goal

「人と学び合う力」
周りとの関係性を活かし、いい影響を与え合える人になる

Point 01

孤独は、目標達成の最大の敵

目標を達成しようとしている姿を周りに知ってもらうと、ラクに続けられるだけでなく、周りの人からのよい影響を受けることができます。一人だけで努力するよりも、ずっと大きな効果を得ることができます。

誰かに見られているだけで元気百倍

目標達成に向けて進むのは、まるで一人で登山をしているようなものです。途中で道に迷うこともあるでしょう。道がなくなるかもしれません。また「水は低きに流れ、人は易きに流れる」という言葉もあります。人は面倒なことを避けようとして、行動が続かなくなる性質があるのです。それでも知恵と勇気を振り絞って、一歩一歩進んでいく。そんなとき「がんばれ！もうちょっとだ」と声をかけてくれる人がいたら、元気が出てくるに違いありません。

本書では、身近な目標達成の例としてダイエットの話をよく出していますが、ダイエットが途中で頓挫する理由は「面倒なことは続かないから」。だからこそ「誰かに見られている」という環境をつくることがとても大切なのです。あなたが目標にチャレンジしていることを周りが知っていれば、応援やアドバイスをもらうことができます。そして何より、「一人じゃない」と感じることができるだけで元気百倍、行動を続けることができるのです。

その行動、そっとやめたら誰かが気づいてくれますか？

ＰＤＣＡを回し続けられたら、誰でも目標達成するでしょう。ところが、回し続けるのはとても難しいこと。「孤軍奮闘」という言葉がありますが、自分一人でがんばっていても、いつかへこたれてしまいます。一人はラクではありません。目標達成において「孤独は最大の敵」なのです。第2章でも述べた通り、一人だと続けることができない理由は2つあります。

①そっとやめても誰も気づかない
②他の人からの影響力を活かせない

周りの誰も、あなたの挑戦を知らないのであれば、途中であきらめたとしてもそれが知られることはありません。何も言われないので、いつでもそっとやめてしまうことができてしまいます。それでは続きません。

「みんなで同じ目標を目指している」という状況だけでなく、目標が人それぞれ別々であったとしても、その「目標を達成しようとしている姿」を人に知ってもらうことの意義は大きいのです。

目標に向かって行動しているのを周りに知ってもらうことで、孤軍奮闘から解放され、心の中に安心感が生まれます。その安心によって周りの意見を受け入れられる心持ちになり、新たな気づきを得やすくなります。人が学び、成長する上で、「周囲の人」を活かさない手はない、ということです。

また、孤独で自分の考えのみに閉じこもっていては、問題を乗り越えるための新しいアイデアも思いつきません。自分とは違う意見や経験がある多様な人との関わり合いによって視野が広がり、気づき、成長するものなのです。

研修の場は、最高の「他人の影響を受けることができる場」

私は、人材育成のためのプログラムを開発し、研修講師も行っていますが、「研修」という仕組みは、素晴らしいものだと感心します。なぜなら、いろいろな部署から多様な人が集まってきて、お互いに意見を出し合い自分を成長させようとしている場だからです。

近年、ダイバーシティー（多様性）が重要視されていますが、組織の中でその状態ができているのが、さまざまな部門から人が集まって行われる「研修」です。最近、研修の手法として、ワークショップを取り入れることが多くあります。グループでディスカッションをしながら、気づきを得ていく手法です。

たとえば、お互いの背景を話して共感し合ったり、自分の仕事の問題を共有して解決策を話し合ったりします。隣に座った人は、部門が違うのに真剣に耳を傾け、解決の糸口を探そうとします。なんとも素晴らしい学び合いの場です。

そして、たいてい「研修」の最後に、学んだことを仕事に活かすためのアクションプラン（行動計画）を設定して、各自の職場に戻っていきます。あとは仕事の中でどう活かしていくかということになります。

ただ、残念なことに、学んだことを仕事に活かしきれているかというと、そうではないようです。基本的に職場での人材育成は、上司や先輩による「ＯＪＴ（On-the-Job Training）」に任せられるからです。

これでは「研修」と「職場」が切り離されて、学びを活かせないばかりか、研修費の無駄遣いとなります。しかし、もし「研修」でのグループをそのまま継続させて、お互いの職場で行動実践するために学び合うチーム、いわゆる「学習コミュニティ」にすることができたら、行動変容を促進させることができるようになります。これからの組織づくりは、ＯＪＴより、ＯＪＬ（On-the-Job Learning）が大切です。まさに、学び合いながら仕事に活かしていく組織横断的なチームづくりが必要なのです。

そこで私は、このような「やりっぱなしの研修」を解決するためのITシステムの仕組みを考案し、日米で特許を取得することができました（私がプロフィールで〝発明家〟と名乗っている理由はこれです）。「Action T.C.」や「PDCFA」というサービス名で2006年から多くの企業で採用され、のべ1万5000人以上の人が目標達成のための行動変容に活用してきています。

こうしたITシステムを活かした行動変容プロジェクトに数多く携わる中で、大量のデータ分析が可能となりました。本書は、この科学的なデータに基づいて書かれているものです。

雑談や飲み会などインフォーマル（非公式）な場が少なくなってきた職場においては、「学び合う場」が足りないのです。先進的な人材育成や組織変革に取り組んでいる企業や学校は、アナログの研修とデジタルのITの場を融合して、「学び合い成長する場」の仕組みを取り入れています。

Point 02

「嫌いな人」ほど あなたを成長させる

目標達成のためにお互いの行動に影響を及ぼすそうとする場が、「学び合いの場」です。苦手な人を敬遠せず、視点や価値観の違う人として関わると、自分だけでは生み出せないような創造性を発揮することができます。

「ズバリ！」と言うことは、大人の思いやり

ある日の会社での出来事です。一度も話したことのない同僚が、前から歩いてきます。あなたは、彼のズボンのチャックが開いていることを見つけてしまいました。さあどうしますか？

①言いたくても何も言えず、通りすぎてしまう
②そっと近づいて静かに肩をポンポンとたたき、無言で下のほうに目配せする
③同僚だけに聞こえるように「あの、チャックが開いてますよ」とハッキリ伝える

①を選んだ人は、ひどい人です。そのあと、同僚はお客さまとの重要な面談があるかもしれません。もしそうなら、大恥をかいてしまうことになります。

②を選んだ人は、やさしい人です。そっと気づかせようとしたのですから。でも他人行儀でかえって恥ずかしかったかもしれません。

③を選んだ人は、目標達成する人です。言うべきことがスピーディーに、確実に相手に伝わりました。「ズバリ！」と、相手に対して言うことは、大人の思いやりです。逆に、気づいているのに言わないのは冷たい行為です。しかし、組織の中では、思っていても言わない（言えな

い）ことがよくあるものです。

では、なぜ、はっきり言えないのでしょうか？　それは相手の反応が怖いからです。面倒なことに巻き込まれまいと、人に指摘することを避けるのです。

さらにいえば、相手の意見に無理に合わせて同調することを、「思いやり」「仲間思い」だと勘違いしている人も見受けられます。そんな仲良し（のふり）の場は価値がありません。**ビジネスシーンにおいて本当に居心地のいい場というものは、「仲良しクラブ」ではありません。「自分を成長させてくれる場所」なのです。**好き・嫌い、気が合う・合わないといった個人的な感情にとらわれることなく、成長するために、意見の違いを受け止め、認め合い、学び合える場です。そして自分が気づかないことを、気づかせてくれる場所です。要は「ズバリ！」言い合える場こそ、お互いに成長できる場なのです。

ただし、前提条件があります。それは、何を言われても「ありがとう」という感謝の気持ちを、お互いが持つことです。たとえ、それが苦言であったとしても、自分を成長させてくれる大事な言葉だからです。

逆の視点から見ると、言うほうにも勇気が必要なのです。それでも、相手のことを思って言っている。だからこそまず「言ってくれてありがとう」という気持ちを、お互いが持つ必要があります。相互に感謝する場は安心感があるので、ズバリ言い合える関係ができ、お互いが成長できる「学び合いの場」になります。だから居心地がいいのです。

「そんなのは理想だ。組織の都合を言っているだけじゃないか」と感じる人もいるかもしれません。でも、それは視野が狭いことによる思い違いの可能性が大きいでしょう。一人ひとりの成長なくしてチームの成長はありません。理想主義だと決めつける前に、まずはフィードバック技術を習得して実践してみましょう。すると見えてくる世界が変わってきます。

嫌いな人ほど自分を成長させる

みなさん、仲のいい友達がいると思います。学生時代の仲間は、一生の友人でしょう。気の合う仲間たちとのプライベートのひとときは、何にも代え難い楽しい時間です。

一方、職場でも、部署やプロジェクトなどで人と仕事をしています。ところがこちらは、すべての人が自分と気が合うとは限りません。むしろ、気の合わない苦手なタイプとも仕事をしなければならないことが多いのが現実です。でも、その状況は成長のチャンスでもあります。

仕事においては、「苦手な人ほど自分を成長させてくれる貴重な人」と考えるべきなのです。

なぜなら、自分とは違う視点・価値観を持っているからです。

問題は、そのような人と話すとき、「イラっ」としてしまうことです。感情が先に立って、相手を拒否してしまうのです。それでは学び合うことはできません。

でも、考えてもみてください。他人は、自分とはまったく違う人生を送ってきています。視点や価値観が違うのは当たり前。違いがあるということは、あなたに大いなる気づきを与えてくれる貴重な存在といえます。いい意味でもっと気楽に考えるといいのです。

そこで、私は「イラっとしたらチャンス」、〝イラチャン〟を推奨しています。意見の衝突や理不尽なことがあって「イラっ」としたら、小さな心の声で「チャンス！」とつぶやくのです(聞こえるように言ったらダメですよ)。その間、たったの数秒。そして自分の心の状態をメタ認知（163ページ）することができたら、ゆっくりと、相手がなぜそのような考えに至ったのか、耳を傾けるのです。

勘違いしないでほしいのは、私は決して〝違う意見に迎合しよう〟と言っているのではないということ。そうではなく、相手の違いを認めて受け止めることで、一度、冷静に自分の頭で考えてみてほしいのです。すると、視座が高まり、視野が広がっていきます。

こうして視座が高まり、視野が伸びて広がった部分を「伸びしろ」と呼ぶのです。成長余白とでも言いましょうか、自分が成長することができる領域がぐんと増えたことを指します。

これからの時代のビジネスパーソンは、クリエイティビティ（Creativity：創造性）が求められます。なぜなら、正解のない社会がこれからの社会だからです。既成概念にとらわれず、既存のルールを変えて、新たな考えを組み立てられる人が求められています。

クリエイティブな人は、オリジナルな個性を持ちながらも、他者から学ぶ力を持っています。

視野と視座

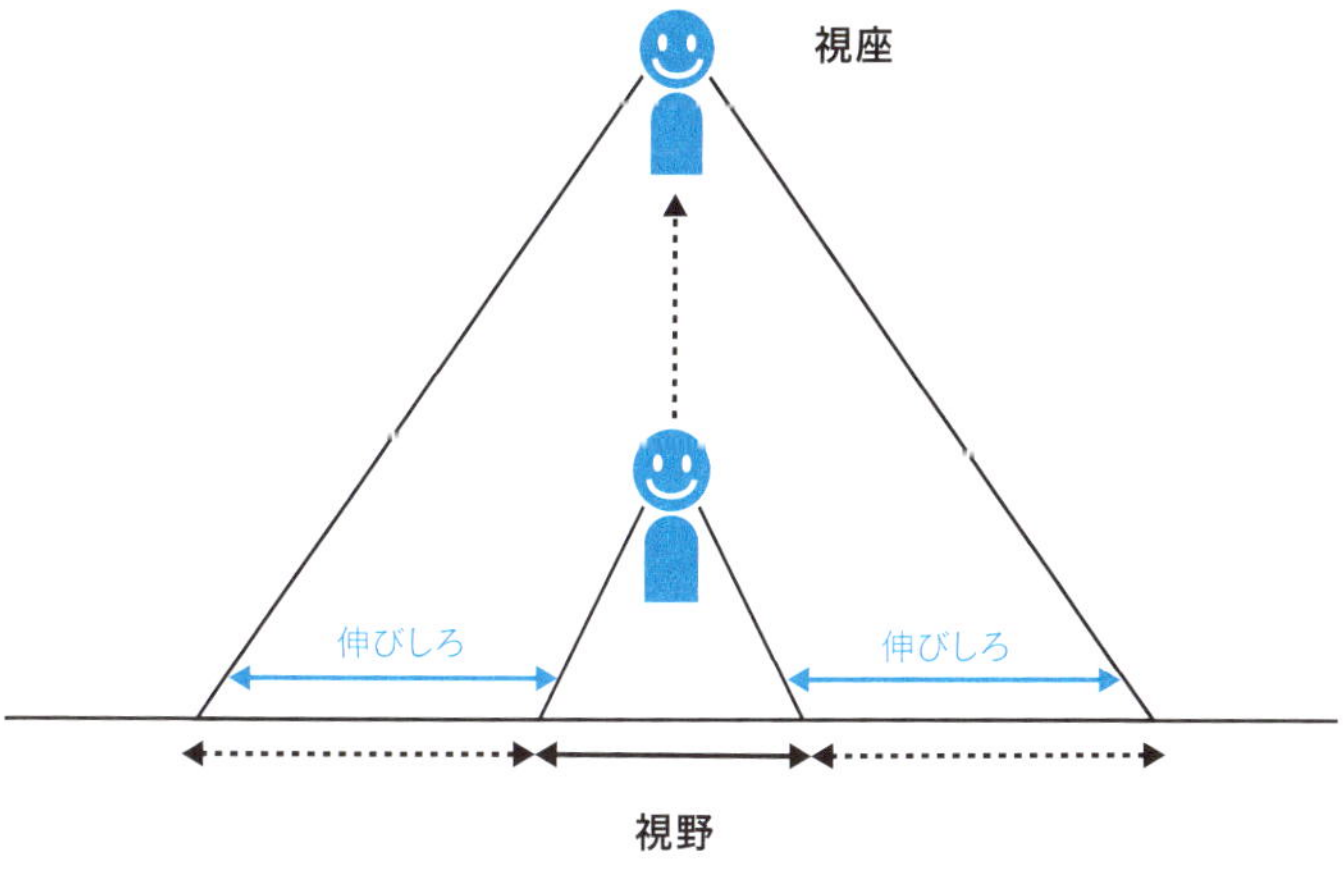

人から学ぶ力があれば、自分の強みと化学反応を起こし、さらにアイデアは無限大に広がるでしょう。

アイデアといっても、おおげさなものではありません。ちょっとした仕事の工夫も、アイデアの一つであり、創造性です。創造性がある人は、相手の視点・価値観を自分の中に活かそうとします。人を尊重する態度に満ちあふれているのです。すると相手からも好意を持って見られるので、自分も尊重される。だから豊かな人生を送ることができるのです。

人のふり見て、わがふり直せ

自分の誤りは、自分ではなかなか気づかないもの。「人のふり見て、わがふり直せ」という言葉は「他人から学ぶ大切さ」とともに、「自分では自分が見えないものである」ということを教えてくれます。

目標を達成する人は、他人の失敗や誤りを見て「あっ、自分もやりかねないな。気をつけよう」と、自分の行動や言動を直そうとするものです。

目標達成において相手に言葉をかけることを、「フィードバック」と呼びます。フィードバックをもらうと、ふだん自分では気づかないことに気づくことができます。

一方で、人にフィードバックをすると、相手に気づきを与えるだけでなく、フィードバックした自分自身も新たに気づきを得ることにもなります。「人のふり見て、わがふり直せ」を言い換えると、「人にフィードバックをして、自分自身の足りないところに気づけ」ということなのです。

Point 03

悩んだら、上司ではなく「隣の部門の先輩」に話してみる

「ナナメの関係」は、ある意味、無責任な関係です。しかし、だからこそ目標達成へ気づきを与えてくれるものです。「縦の関係」の、直属の上司や先輩だけでなく、「ナナメの関係」で相談できる相手を見つけましょう。

縦の関係は、「育成」には不器用。無責任なナナメの関係を活用する

みなさんは仕事上、悩みが生まれたら、まず誰に相談しますか？　ほとんどの場合「上司」と答えるでしょう。もしくは、同じ部門で仕事をしている先輩に相談すると思います。ふだんから一緒に仕事をしている人なら、仕事の悩みを説明することは簡単です。上司や先輩は、自分の仕事の内容を知っているだけに、理解してもらいやすいでしょう。

たとえば、具体的な悩みとしては、「思うように受注ができない」「お客さまへの提案内容をどうしたらいいかわからない」「技術的な問題について解決の糸口がつかめない」「新しい機材の使い方がわからない」「海外との交渉がうまく進まない」といったものが挙げられます。

日々、仕事を一生懸命行っていれば、誰でも必ず壁にぶつかります。悩みが生まれるほうが健全です。そして、クレームや納期遅れなど、重要な問題が起きた場合は、直属の上司に素早く報告するのは当然です。一方で「上司に相談するほどの大問題ではないけど、ふだんの仕事がうまく進まない」というちょっとした壁を、一人ではなかなか乗り越えられそうもないときには、どうすればよいでしょうか？

上司や先輩に質問しても、「自分で、もっとよく考えてみろ」と言われるのが関の山かもしれ

ません。

私が28歳、システムエンジニアのころに、あるお客さまの工場の生産管理システムを、ゼロからつくり上げるプロジェクトのリーダーを任せられたことがあります。お客さまの要求仕様をまとめて、設計書にするだけで1年がかりという大規模なものです。

設計の最中、何度も壁にぶつかりました。ある日、1週間考え抜いても答えが出ないので、どうにもならなくなり、上司に相談しました。そのときの上司のひとことは強烈でした。「お前、本当に真剣に考えたか？　考えてないだろ。だって、頭から煙が出てないぞ」と突き放され、結局、何のアドバイスももらうことはできませんでした。「こりゃ、一人でやるしかないな」と思い、必死にシステムを完成させたことを覚えています。

私は今でも、そのときの上司には感謝しています。あのときに「答えはこうだよ」と教えてもらっていたら、その後の私は甘ったれになってしまい、厳しい仕事を乗り越えることができなくなっていたでしょう。「自分の力でやりきれるんだ」という自信は、この仕事で身につけたのです。

一方で、隣の部門の先輩にはよく相談しました。その先輩は「その件なら、あの人に聞いたらわかるんじゃないか」「むちゃくちゃな要求は〝無理です〟ときっぱり言うことも大切だよ」「それはお前の言い方を変えたほうがいいぞ」などと、親身になってアドバイスしてくれました。

直属の上司は、部下に対して親心で、「たくましく育ってほしい」と願います。すると、私の元上司のように突き放すか、その逆に「あれやれ、これやれ」と直接的な指示をしてしまったりします。人材育成では「本人に考えさせること」が大事なのに、答えを言ってしまっては、受け身の姿勢を育成しているようなものです。

でも、これはある意味、仕方のないことなのです。なぜなら、上司には部下も含めた組織全体の業績の結果責任があるからです。考えさせて待っていると、期限が過ぎてしまったり、ビジネチャンスを逃したりすることもあるからです。よって上司は「人材育成」に関しては、どうしても不器用になりがちなのです（親子の関係も同様ですね）。

一方で、隣の部門の先輩はそうではありません。業績には直接的には関わらない、言わば「無責任な関係」です。ふだんの仕事ぶりも知りません。「お前、どういう意味でそう言っているの？」など、知らないからこそ「逆質問」をしてくれます。その質問が、相談した本人の「気づき」を引き出す結果になります。

ある意味、他人同士の関係なので、「大人の思いやり」で話ができるのです。自分の部下に向けては気を使ってしまって言いにくいことも、「ズバリ！」と言えたりします。

上司と部下の関係を「縦の関係」というのに比較して、隣の部門の先輩のような人との関係を「ナナメの関係」と呼びます。「ナナメの関係」こそ、目標達成への気づきを与えてくれるのです。

「ナナメの関係」の効果。新人営業パーソンがMVPを取れたワケ

あるハウスメーカーで、戸建住宅を売る仕事を手がける新人営業パーソンの例です。その新人は年間MVPを取ったのですが、大きな決め手になったは、「ナナメの関係」の活用でした。

彼がほかの新人と違ったのは、自分の営業の状況を社内のITシステムで詳細に公開することによって、別の支店の先輩方からたくさんのアドバイスを受けていたということでした。

「現在、○○町の△△さま宅に営業しています。先月末にご夫婦で展示会場にいらっしゃいました。40代前半のご夫婦で、小学生の娘さんが2人います。まずは来週月曜に、カタログを持って訪問しようと思います」とシステムに書き込むと、A支店の先輩からこんなアドバイスがありました。

「ご主人が決める権限を持っているとは限らないよ。おじいちゃん、おばあちゃんがお金を出す場合もある。まず、ご家族の構成をお聞きするといいよ」

B支店の先輩は、こんな意見を伝えました。

「おばあちゃんと一緒に住む場合は、キッチンの提案に注意してください。お年寄りでも利用しやすい台所である点をアピールして受注したことがあります」

この新人はアドバイスに耳を傾け、自分でアレンジを加えながら、日々の営業活動に活かしていったのです。

このように、「ナナメの関係」をうまく活かすことで、多様な意見を得ながら自分の行動に活かす考え方を持つことが大切です。

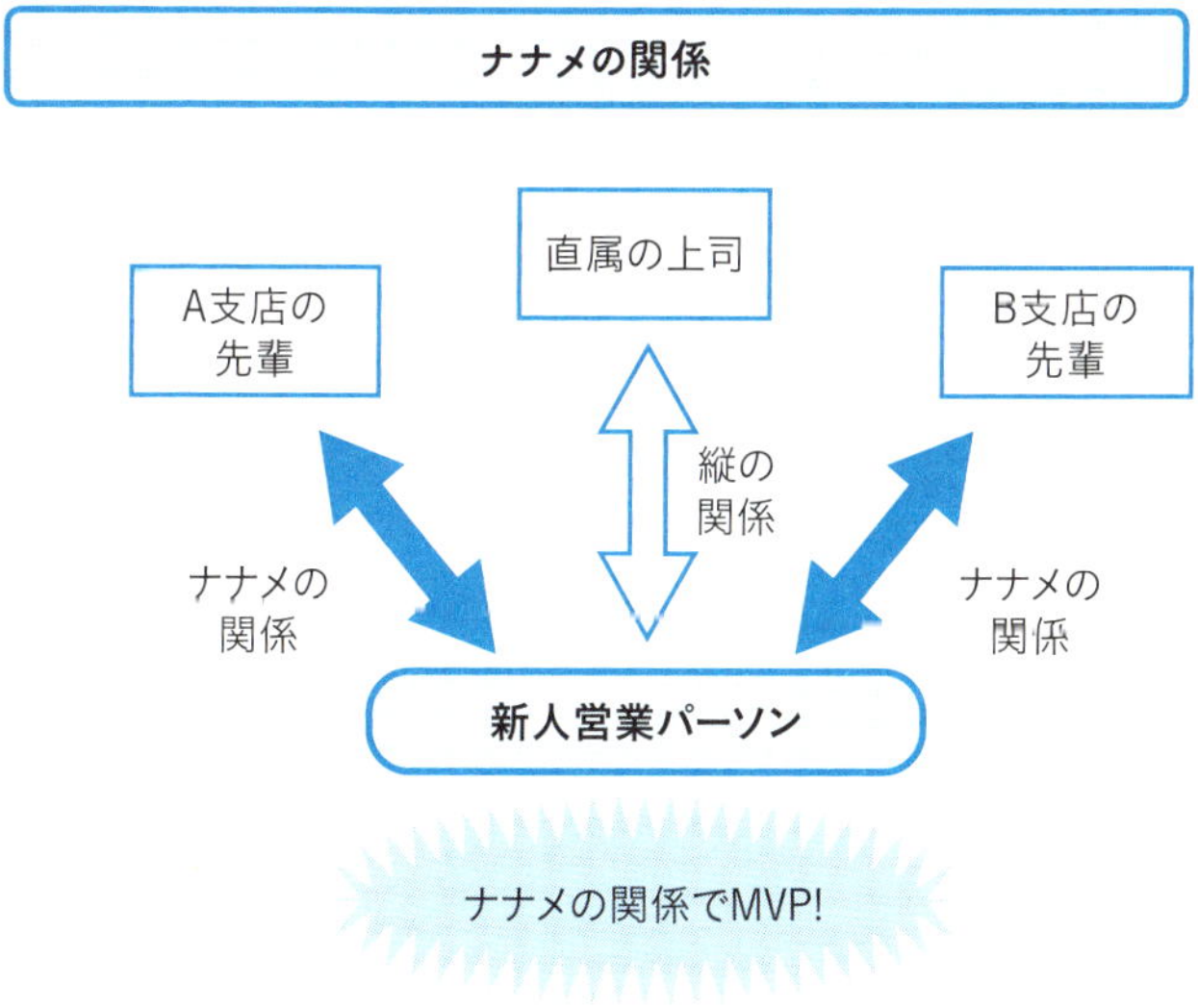

Point 04

自分のチームを「居心地のいい場」にする秘訣とは？

目標達成に必要なのは、「気軽な共感」ではありません。量ではなく、質を重視したフィードバックをし合ってください。お互いの目標達成に関わり合うことこそが、チームの価値です。

勘違いするな。共感だけでは足りない

みなさんは、SNSの中で、人とどのような会話を行っているでしょうか。SNSは気軽なコミュニケーションによる「共感のネットワーク」です。人と人がつながり、共感が広がっていきます。「いいね！」に代表されるように、気軽に「共感」を伝えることができ、とても気持ちがいいことです。しかし一方で「軽すぎる共感」になっているのではという心配もあります。

私はITを人材育成に活かすという仕事柄、人と人のコミュニケーションの「質」にこだわっています。

ときどき「社内SNSが盛り上がらないんです。どうしたらよいでしょう」と相談を受けます。私は決まって、「なぜ盛り上がる必要があるんですか？」と答えます。社内の人と交流し、お互いに共感することは、楽しいかもしれませんが、発展性があまり見られないのです。コミュニケーションの量が多いことが、いいこととは限りません。単なるおしゃべりでは、上昇志向にならないからです。

目標達成において価値のあるコミュニケーションは、「自分の行動に対して気づきを与えてくれること」です。量ではなく、質を重視したフィードバックが大切なのです。SNSに慣れた人は「気軽な共感」が得意になりますが、これは危険信号かもしれません。目標達成のため

には、共感だけでは足りないのです。薄っぺらい共感だけでは、癒されることはあっても、気づきにはつながらないでしょう。目標達成における相互フィードバックは、癒しのために行うのではありません。あくまでも、お互いの目標達成が目的です。

そのため、ときには少々厳しい内容になる可能性もあります。それでも「ありがとう」と受け止め、考えて、自分の行動を変えていくことのほうが、相手を拒否することと比べて、実はラクして達成に近づけるようになるのです。

チームの価値は、お互いにフィードバックし合うことにある

目標達成において、価値のあるフィードバックを求めていく上では、「チームとは何か？」を真剣に考える必要があります。チームは、単なる人の集まりとは違って、同じ目的を持った仲間の集まりです。共通の目的はただ一つ、「お互いの目標達成」です。会社も一つのチームだといえるでしょう。

そのチームの存在価値は、「お互いの目標達成に関わり合う」ことにあります。関わり合うこととは、フィードバックし合うこと。相手の目標達成に対する気づきを与えていくということです。

「お互いの目標達成」のためのチームは、同じ部署の人だけで構成するべきとは限りません。むしろ、ふだんの仕事ではまったく関係のない人同士のほうがうまくいくときも多いのです。

またフィードバックは「こうしろ！」と指示を出すものではありません。指示は一瞬だけなら相手を動かすことができるかもしれませんが、その後の行動が継続しません。自分の頭で考えて腹の底から納得しない限り、主体性は発揮されないからです。フィードバックはあくまで相手に「自分で考えて気づいてもらうため」に行います。**よって、フィードバックにおけるキーワードは「質問」となります。新たな視点で気づいてもらうために「問いかけ」を行う**のです。

そして、チーム内では、相互にフィードバックのあることが大切です。「人のふり見て、わがふり直せ」と前述したように、人にフィードバックすることで自分自身の気づきにつながります。フィードバック〝される〟ことだけでなく、フィードバック〝する〟ことも「人から学ぶこと」にほかならないのです。

フィードバックは「共感＋質問」で表現する

ここで出てきがちなのは、「相手の仕事もよくわからないのに、フィードバックなんてできないよ」という意見です。この考えは誤りです。なぜならそれは「アドバイス」をしようとしているからです。アドバイスとは、相手の行動を直接指南すること、答えを教えることです。一方、フィードバックの目的は、相手にない視点を与えて気づかせ、主体的に行動を変えてもらうことなので、すべきことは「アドバイス」ではなく「質問」となります。質問があれば、仕事が違う人に対しても、相手にない視点を与える効果的なフィードバックができるのです。

とはいえ、いきなり「質問」をされるのはきついものです。相手との関係性が薄かった場合、聞く耳を持ってもらえない可能性もあります。そこで、まず「共感」を伝え、相手が聞く耳を持った状態で「質問」をするということが大切。そのため、**フィードバックの構造は「共感＋質問」となります。共感だけでも、質問だけでもいけません。「両方がセットであること」が肝心**なのです。

ではここで、まずフィードバックを体験してみましょう。

ここ1週間で、みなさんが取り組んで「できたこと」を一つ思い出してください。たとえば「お客さまに提案した」「設計書が完成した」「経理処理が終わった」など、たとえ成果が小さくても、「できたこと」ならなんでもかまいません。

では、私からフィードバックします。

「○○○ができたとのことで本当によかったですね。△△さんがいつもがんばっている姿に感心しています。このまま順調にいけそうですね。ところで、また同じようなことがあったとして、より〝生産性を考慮〟したら、次はどんなことが工夫ができそうですか？」

どういう感想を持ちましたか？

「認めてもらえてうれしかった」
「確かに生産性の視点が抜けていました」
「次回はこんなことをしてみようかな、と考えが浮かんだ」

と感じるのではないでしょうか。つまり、「できたこと」に対して「共感」されることで成長欲求のスイッチがＯＮになり、「質問」で生産性という新しい視点での思考が始まったのです。

主体的な行動変容を目的としたフィードバックは、「できたこと」について行うことが大切です。するとチーム内に信頼関係が醸成されて、学び・成長し合う関係がつくられるのです。

次項では、「共感」と「質問」の技術について詳しく説明していきます。

Point 05

「共感」は緊張を和らげ、「質問」は達成を後押しする

共感とは、相手の緊張を和らげ、こちらの質問を受け入れてもらえる状況をつくるもの。質問とは、相手の中から新たな行動を引き出すために行うものです。

緊張を和らげ、相手に聞く耳をもたせる「共感の技術」

お笑い芸人は、よく漫才の冒頭シーンで、壇上でコケたりボケたりして、見ているほうを笑わせます。第一印象で相手の心をつかみ、その後の話に引き込んでいるのです。

人は他者と向かい合ったとき、緊張しています。たとえよく知っている人だったとしても、正面から向き合ったとき、無意識に緊張するもの。そのため、人と人が学び合いのコミュニケーションを取ろうとするときは、最初にこの緊張状態をほぐす必要があります。緊張状態のままでは、何を話しても相手の耳に入っていかないからです。

つまり、目標達成におけるフィードバックの技術としても、まず「共感」が必要になります。「共感」の目的は、「相手の緊張を和らげ、質問を受け入れる状況をつくる」こと。フィードバックの本分は「質問」で相手に気づきを与えることですが、最初は誰でも緊張状態なので、その「質問」が受け止められず、うまく入ってきません。そこで、共感を伝えて緊張をほぐす必要があるのです。

共感の技術

目的：相手の緊張を和らげ、質問を受け入れる状態をつくる

共感① 相手を認め、受け止める

共感② 同様の経験を話したり、役立つ情報を提供したりする

具体例で見てみましょう。まず「共感① 相手を認め、受け止める」の例です。

「素晴らしい活動ですね。お客さまも、さぞかし喜んだことでしょうね」

「さすが○○さんですね。このやり方はあなたにしかできなかったでしょうね」

「相当悔しかったんですね。そう思う気持ちもわかります」

これらの例はすべて、相手の行動や態度、感情に対して「私はあなたを認めていますよ」「あなたの気持ちはわかりますよ」と伝えています。これによって相手は、受け入れられた気分となり、緊張がほぐれます。このように**「共感」とは、相手のありのままの事実を受け入れる大らかな態度を示すこと**なのです。

次に、「共感② 同様の経験を話したり、役立つ情報を提供したりする」の例です。

「私も新人のころ、同じ仕事でとても苦労しました。よく○○先輩に頼ったものです」

「その件は、以前にもありました。解決方法を○○支店長が知っていますよ」

「私も英語の勉強をしているんですよ。オンライン英会話は○○社がいいですね」


これらの例は、同じような仕事の経験談や自分が知っている情報を伝えたりしています。

目標達成とは、最終的には一人ひとりが個別に目指すものですが、**共通の経験やお役立ち情報があると、「自分は一人じゃない」と勇気づけられる**のです。

「質問」は行動を引き出す「気づき」を与えてくれる魔法の言葉

フィードバックの心得として一番大切なことを一つ挙げるとしたら、それは「答えは相手の中にある」ということ。主体性を発揮するには、自分で考えて自分で行動するしかありません。質問された人が答え（次にどんな行動をすべきか）を自ら考え出すことが大事なのです。

だからといって、「すべて本人任せ」では、チームの価値がありません。チームの価値は、「チームメンバーの目標達成は、自分の責任でもある」と考えること。メンバーがお互いに、目標達成までの最適な行動を「発見する手伝い」をしているということなのです。その「発見する手伝い」をするのが「質問」です。質問をすることで、相手に考えさせるように導くのです。

質問の技術

目的：目標達成のために、行動や思考を引き出す気づきを与える

質問①　行動に対し、目標に近づいているか問いかける
質問②　思考に対し、より深く考えるように問いかける

まず「質問①　行動に対し、目標に近づいているか問いかける」の例です。

「このままこの○○計画を続けたら、期日通り目標達成できそうですか？」
「○○の課題に着目すると、どう行動を改良すればいいでしょうか？」
「目標とだいぶずれていますが、そもそも何のために○○をやっているのですか？」

このような質問によって、「目標からのズレ」に気づかせることができます。

フィードバックは共感と質問の組み合わせ

答えは相手の中にある

↓ フィードバックで引き出す

共感の技術

目的：相手の緊張を和らげ、質問を受け入れる状態をつくる

①相手を認め、受け止める
②同様の経験を話したり、役立つ情報を提供したりする

↓ 緊張がほぐれたら……

質問の技術

目的：目標達成に向けて、行動や思考を引き出す気づきを与える

①行動に対し、目標に近づいているか問いかける
②思考に対し、より深く考えるように問いかける

↓ その「質問」を、自分自身にもブーメランのように投げかけてみる

新しい発見

自分自身の「気づく力」を鍛えることになる

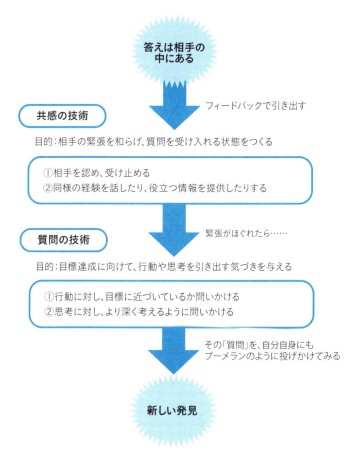

次に「質問②　思考に対し、より深く考えるように問いかける」の例です。

「なぜ〇〇と感じるのですか？　お客さまはどう思っているとお考えですか？」
「最近、〇〇と考え方が変わったんですね。そのきっかけは何ですか？」
「悩んでいるようですが、〇〇の視点で考えると、ほかにも何かできないでしょうか？」

このような質問によって新たな視座が与えられ、頭の中がグルグルと回転していきます。まさに再度、内省が呼び起こされるのです。人には誰でも、偏ったものの見方や固定観念があります。それを取り払うのも「質問」の役割。**質問は、まさに人の視座を高めて視野を広げ、伸びしろをつくってあげる行為**なのです。

相手の質問を受け止め、真剣に考えると、それまでにはなかった、新たな「視点」が見えてきます。思考が整理できて、「あっ！　この視点が足りなかったな。今度は、この行動をやってみよう」と気づき、新たな行動につながります。

周りからしてみたら、「やっと気づいたか。そんなこと当たり前じゃないか」と思うこともあるかもしれません。でも「主体性」という点を考えてほしいのです。自分の頭で考えて気づいた行動を実践することに意味があり、それが自己肯定感の向上にもつながるのです。

フィードバックをすることで、自分の「気づく力」を鍛える

前項の「共感＋質問」の技術は、「フィードバックを『する』技術なのか『される』技術なのか」とどちらか一方だけで捉えるものではありません。

実は、人にフィードバックすることによって、自分自身の気づく力も養成されます。「人と学び合う」状況をつくると、他者にフィードバックすることで、自分がした「質問」が、ブーメランのように自分に戻ります。すると、自らも新しい行動を発見することがあります。

「フィィードバック・ループ」と呼ばれる研究で、フィードバックを〝もらう〟より〝する〟ほうが成長するという報告もなされています。要は、**他人の課題にどんどん関わってフィードバックしたほうが、自分自身が成長できる**ということなのです。

実は、相手に対して「質問」をすることで、自分に対しても「内省」を呼び起こしているのです。もちろん、相手に気づきを与えるために「質問」しているのですが、自分にもはね返ってくるということです。

つまり、他者の目標達成に貢献することで、自分のための学びを得ることができます。だから、相互フィードバックこそが「人と学び合う技術」となるのです。たとえば、あなた以外にチームメンバーが5人いて、毎週、相互フィードバックを行っているとしたら、「自分自身を成長させるための〝お題〟が毎週5つ向かってくる」と捉えるといいでしょう。

あなたの「共感」によって、相手に聞く気持ちになってもらい、あなたの「質問」によって、相手にない視点を与え、ハッとする気づきを与えてください。

そして、あなた自身にも同じ「質問」を投げかけてみてください。きっと新しい発見があります。「他者との関わりによって学びを得る」ということはそういうことです。**人は自分にはどうしても甘くなるので、自分の振り返りは浅くなりがち。一方で、他人のことにはよく気づきます。その特性を逆に利用する**のです。

このように、ふだん気にしていない他者の仕事の中には、自分の問題の解決のヒントが隠されています。そうして〝相互フィードバック文化〟をつくることで、ビジネスの現場で居心地のいい場所＝「学び合い成長する組織」をつくっていけるのです。

第5章

ラクして達成する人の「自分の軸を見出す」技術

第5章のゴール

ありたい姿に向けて、自分軸で最適な行動を見出していける人になる

目標達成への道は、行動を計画して、実践して、改善してというサイクルを回しながら最適な行動を見つけていく道でもあります。

目標はあたかもゲームの面（ステージ）をクリアするかのように、次から次へと新しいものを設定していきましょう。自分の才能が開拓される達成感を味わえます。一つの達成は、新しい目標のスタートなのです。

さらに俯瞰して「この仕事は何に貢献するか」を考えると自分軸ができてきます。そして、できたことの喜びの理由を確認すると「ありたい姿」が見つかり、モチベーションがキープできます。また、仕事をする上では、常に自分を市場価値の中に位置づける必要があります。プロフェッショナルとは、自分が成長するプロセスを楽しめる人。それは、PDCFAサイクルを回し続けることで、自己成長OSが書き換わり、実現します。

この章では「自分の理想の姿にたどり着く力」を身につけましょう。

第５章の全体マップ

Start

ずっと同じような行動を続けている。変化に対応できていない

行動は変えるもの　01

刻々と変わる環境に対して柔軟に対応していく
目標達成まで、最適な行動習慣を見つけていく

行動を変える目安　02

３週間続かなかったらもっと簡単な行動に変える
自分の振り返りからの気づきによって変える
周りの人からのフィードバックによって変える

目標達成！

目標を再設定　03

達成したらゲームの面をクリアするように再度目標を設定する

ありたい姿を見出す　04

自分軸を見つけるために「期待」と「貢献」について自問する
「期待」……誰のどんな期待に応えようとしているのか？
「貢献」……その仕事によってどんな社会問題が解決するのか？
何が自分の喜びだったのか？ 幸せの基準が「ありたい姿」

仕事の質を追求　05

自己成長のOSを書き換え続ける
期待に応え続けることで「信頼」が生まれ、市場価値が高まる
プロフェッショナルとは、PDCFAサイクルが身についている人

Goal

「自分の成長プロセスを楽しむ力」

仕事の中で自分の軸を見出し、ありたい姿を実現できる人になる

Point 01

目標達成までに行動はどんどん変えていく

当初計画した行動がいつまでも正しいとは限りません。計画通り実践しても目標にたどり着かないことはよくあります。状況の変化に合わせて行動を修正する必要があるのです。

計画した行動がすべて定着したのに、目標達成しない人

みなさんの中には、年初に目標設定をして、行動計画を立てる人もいるでしょう。

今年こそやせるぞ！　そのために毎日走ろう！
今年はお金を貯めるぞ！　そのためには毎月、貯金だ！
今年こそは資格を取るぞ！　そのためには毎日、勉強だ！

と力が入ります。一方、会社でも、期末には上司と面談を行い、次期の目標を設定します。リーダーであれば、経営戦略の目標を設定することでしょう。そして行動計画が立てられます。私はのべ1万5000人以上の行動実践データを見てきました。そこで発見したのは、キチンと行動を計画通りに実施しているにもかかわらず、目標に届かないという人が多くいるという事実です。

現在のように変化が激しく、市場のルールさえいつまでも不変ではない時代では、刻一刻とビジネス環境は変わります。**期初に決めた行動計画を実践さえすれば、半年後の目標は確実に達成する、といった状況ではない**のです。「朝令暮改」という言葉にもあるように、朝決めたこ

とを夕方に変えるくらいのスピードが必要なビジネスシーンもあります。

「初志貫徹」という言葉に惑わされ、変化を恐れてはいけません。「最初に決めたことは絶対なんだ！」と頑固にならず、自分を取り巻く環境の変化に、柔軟に対応していきましょう。目標達成までの道のりは、何通りもあるのだということです。

ラクして達成する道とは、最適な行動を見つけていくこと

車を買うときには、試乗をします。スーパーにも試食コーナーがあります。物を買うときに、「いったん試してから買う」いうステップを踏むことは多いと思います。そのほうが安心ですし、よい買い物ができます。

目標達成のための行動実践も、この「試す行為」に似ています。最初から完璧、ということはありません。目標に対して効果が低い行動や、なかなか習慣化できない行動は、「どんどん変えていくこと」も重要なのです。

たとえば、次に示すのは、ある会社のサービス部門の例です。

「半年後に、顧客満足度のスコアを2倍アップする」という目標を立てました。そのために「お客さまに会うたびに、商品の改善点を聞き出す」という行動計画を実践しました。

この行動は習慣化して、お客さまの声を集めることに成功したのですが、これで顧客満足度がアップするわけではありません。お客さまは、自分の納得がいくものにサービスが改善されて初めて満足するのです。そこで、目標を達成するためには、新たな行動を実践する必要が出てきます。

たとえば、「商品企画部門と話し合い、製品をバージョンアップさせる」や「市場価格も考慮した、ベストな価格設定を提案する」という行動が必要になってきます。

このように「目標達成までには、行動はどんどん変えていいのだ」という認識が必要です。そのほうがラクに達成することができます。

「どんどん変えるなら、行動計画なんて立てなくていいのではないか」と考えるのは誤りです。なぜなら、計画があるからこそ検証ができるからです。行き当たりばったりの行動で、たまたまうまくいったとしても、そこにはなんの学びもありません。

目標達成への道は、行動を計画して、実践して、改善してというサイクルを続けながら、最適な行動を見つけていく道でもあるのです。

Point 02

3週間続かなかったら「もっと簡単な行動」に変える

行動が習慣化したかどうかの目安は、3週間続いたかどうかです。続かなかった場合は、「振り返り」や「フィードバック」を参考にして、行動計画を簡単なものに変える必要があります。もちろん、効果的な行動が見つかったら、変えずに、それを続けることが大事です。

続かなかったら、「とりあえずの行動」をまず定着させる

行動を習慣化することは、なぜ重要なのでしょうか？

目標達成をするには、次から次へと新たな行動を実践する必要があります。ところが、限られた時間で成果を出すためには、時間が足りなくなる恐れもあります。ここで「新たな行動が無理なくできている状態」になればしめたもの。また別の新たな行動をする時間が確保できるわけです。

だからこそ、習慣化はとても大事なことなのです。

では、どれくらい続けることができたら「習慣化した」といえるのでしょうか？

習慣化の目安は「3週間」です。ここで大切なのは、**「3週間」続けられなかったら、もっと簡単に続けられる行動に計画し直すこと**です。

難しく考える必要はありません。続けられないという事実を受け止め、すぐにもっと楽な行動計画に変えてしまいましょう。行動計画をより簡単にすることは、レベルダウンではなく、継続という観点ではレベルアップです。

たとえば、「お客さまに会うたびに、商品の改善点を聞き出す」ということが続けられないのであれば、

「お客さまへの確認メールの先頭に『当日、商品に関するご意見をお聞きするのでご協力をお願いします』と書く」

といった、より簡単な行動を実践し定着させます。**難しいことを続けられないまま過ごすより、まずできることを増やすほうが、価値が高い**のです。

よい行動を無理なく習慣化できたら、さらに新しい行動を加えることができます。あれもこれもと新しい行動を一気に根づかせようとはせず、一つひとつ確実に習慣化していくことで、自然に成果が出せるスキルが身についていきます。

振り返りでの気づき、フィードバックでの気づきを活かす

第3章で「振り返りの技術」、第4章で「人と学び合う技術」を説明しました。経験から学ぶために、自分ができたことに着目し、こうすればもっとよくなったのではと深く思考しました。

そこで「次なる行動」が見出されます。

すなわち、確実に翌日（もしくは翌週）に実践できる明確な行動計画を立てたり、第2章の「行動を続ける技術」を使って行動が習慣化するようにしていきます。こうやって「できたこと」をどんどん増やしていくのです。

フィードバックをもらったときも同じです。他者からの「質問」によって「あっ、こんな行動をしてみよう」と気づいたら、すぐにそれを実践してみるのです。

英語の勉強をがんばっている山田さんの事例を見てみましょう。

［行動目標］海外出張に備え、今年中にTOEIC900点を取る
［行動計画・できたこと］計画通り、毎日、通勤電車で単語ドリルを行うことができた
［行動の振り返り（省略版）］

目的：語学力を向上させ、来年からの海外出張に備える必要がある
健全な疑い：単語はだいぶ覚えたが、長文読解の部分で模試の成績が振るわない
思い込み：単語さえ覚えればいいと思い込んでいる

課題：長文読解、とくにビジネスレターを短時間で読めるようにがならなければいけない
　　が、勉強時間が確保できない
創造的な行動変容：明日、勉強時間を確保するためオンラインスクールに入会する

となりました。これからはじっくり時間が取れて、効果的な勉強ができそうです。
次に、同僚の高橋さんからはこんなフィードバックを受けました。

［フィードバック］
「山田さんへ。英語の勉強をしているんですね。実は私もしています。いい参考書があるので、今度、渡しますね。ところで、今の勉強方法でTOEIC900点は、達成できそうですか。弱点があるとしたら何を重点的に取り組んだらよさそうでしょうか？（高橋より）」

この高橋さんからのフィードバックによって、山田さんは、「弱点……か。自分はリスニングが不得意なんだよな」と気づきます。
そこで、創造的な行動変容として、新たに「移動時間はスマートフォンで英会話を聞き、週

末に小テストを受ける」という行動に計画し直すことができました。

高橋さんのフィードバックによって視野が広がり、新たな行動の必要性に気づいたということです。

このように、振り返りやフィードバックによって気づいたら、どんどん行動を変えるクセをつけることで、もっとラクして達成できる習慣ができあがるのです。

Point 03

目標達成は「ゲームの面をクリアする」ように進めよう

目標を一つクリアしたところで、油断してはいけません。
さらに高次元の目標を立て、「再スタート」するのです。
そして次の目標、またその次の目標……と達成を楽しむ
ことができたら、常に成長し続けることができます。

ゲームのように楽しんで目標達成する

ここまでの話で、一つひとつの行動目標をラクに達成する方法はおわかりいただけたと思いますが、「あるべき姿（目指すべき結果や状態）＝ゴール目標」（50ページ）を実現するためには、一つの行動目標を達成したら、また次の行動目標に挑戦するというサイクルが必要になってきます。

たとえば、先ほどのサービス部門の例の半年後、「顧客満足のスコアを2倍にアップ」を達成したらそこで終わり、というわけではありません。ゴール目標が「顧客数1000社を達成する」であれば、顧客満足度を上げることは、最初の目標の一つにすぎないということです。

ゴールへ到達するためには、たとえば、

第1目標「顧客満足度を2倍アップする」
↓第2目標「リピートオーダー率を3倍アップする」
↓第3目標「顧客からの紹介数を4倍アップする」
↓第4目標「顧客数1000社を達成する」

という4つの目標を順次設定していくのです。

これはまるで、ゲームの面（ステージ）をクリアしていくような感覚です。目標達成もゲームと同じように、楽しみながら行っていくとよいのです。

目標をクリアしたら終わりでない。再スタートだ

高次元の目標とは、「2倍、3倍、4倍」といった、数字を大きくするものだけではありません。違う視点の目標でもいいのです。

たとえば、

第1目標「顧客満足度を2倍アップする」
↓第2目標「顧客の声が常にわかるサポートの仕組みを構築する」
↓第3目標「メンバーが残業せずに働けるようルーチン業務をつくる」

といった「業務改善」についての目標を再設定する、といった具合です。

このように、目標を達成したら終わりと考えず、「再スタートなんだ」という考えが必要です。

そして、このように視点を変える目標が設定できるようになると、あなたは常に成長し続けることができるようになります。

こんなふうに、どんどん目標設定できたら苦労しないよ、と感じる方もいるでしょう。でも、その心配はいりません。実は、成長欲求というのは、一つひとつ達成することで増大していくものなのです。なぜなら、自分の才能が開拓されていく達成感を味わうことができるからです。これこそが、まさに成功体験です。

一つの目標を達成すると、成長欲求はさらに高まります。そこで、自分の才能をさらに開拓するための新たな課題設定を行うのです。つまり行動目標の再設定です。

よりよい成果が出るように行動目標を変えていくことは、自分自身の人生を思うがままにするプロセスでもあります。まさに「ありたい姿」に向かっていくことなのです。次の項で説明していきましょう。

Point 04

自分の「ありたい姿」は
実は目の前にある

自分が仕事でどんな期待に応え、どんな貢献を目指したいか、「自分軸」を考えることは、自分の「ありたい姿」を見出すこと。ただ、そうした理想はどこか遠くにあるものではなく、実は日々の仕事とつながっています。

「自分軸」を見つける2つの問い

第3章の振り返りの技術において、クリティカル・シンキングのための問いで、「そもそも、なんのために行っているのか？」という目的思考や「目的から考えると、本当にこのやり方がベストなのか？」という疑う思考を通じて、上位目線で自分を俯瞰して思考することの大切さを解説しました。

ここでは、さらに自分自身を俯瞰する問いを説明します。それが次の2つです。

①期待：「誰のどんな期待に応えたいのか？」
②貢献：「どんな社会問題に貢献しようとしているのか？」

この問いについて考えることで、「自分軸」を見つけることができます。言ってみれば、これは自分自身の究極の目的思考です。順番に説明しましょう。

①期待：「誰のどんな期待に応えたいのか？」

たとえば、顧客満足度を上げようと奮闘しているサービス担当者。その仕事を通じて、誰のどんな期待に応えようとしているでしょうか？　お客さまでしょうか、会社でしょうか、それとも社会でしょうか？

「お客さまには、いつも大きな期待をいただいて嬉しい。応えてもっと感謝されたい」
「会社からこの仕事のチャンスをもらってありがたい。なんとか一人前と認められたい」
「この商品はとても社会に有益なものと惚れ込んでいる。もっと活用してほしい一心だ」

このように、**誰のどんな期待に応えようとしているか、その理由と一緒に考えると、「この仕事を通じて自分がどうしていきたいのか」という自分軸が見えてきます。**

②貢献：「どんな社会問題に貢献しようとしているのか？」

たとえば、エアコンを販売している営業担当者。数年前に、国の研究機関がインフルエンザを検知できる小型のセンサーを開発したとニュースになりました。その技術がエアコンに実装されるとしたら、その仕事によってどんな社会問題を解決しようと思うでしょうか。まず、

- **老人ホームでの早期発見**
- **子供からの家庭内感染の予防**
- **世界的流行（パンデミック）の抑制**

などを思いつくでしょう。エアコンを何台売るといった短期的な視点を超えて、その仕事によってどんな社会問題が解決されていくのか、自分の問題意識と突き合わせながら考えていくのです。

このような視点で考えることで、その仕事の真の価値を考えるきっかけになります。すると、小さく見える仕事でも実は大きく役に立っていることを発見することができます。

毎日の行動は、派手さはなく地味な活動が多いもの。でも、その**地味な活動が大きなものにつながっていると考えながら仕事をするかどうかによって、見る目も大きく変わってきます。**

このように、自分軸で仕事を捉えることで、小さな「できたこと」の中に喜びの理由を見つけやすくなります。

ありたい姿を発見するには

毎日「できたこと」を見ることの価値や、成長欲求スイッチの話はすでに述べた通りです。そこでもうワンランク成長欲求を高めるために、自分に問いかけてほしいことがあります。

それは、「その〝できたこと〟のうち、どの点が自分の喜びだったのか？」です。

「何が嬉しかったのか？」
「何が気持ちよかったのか？」
「何が楽しかったのか？」
「何がエキサイティングだったのか？」
「何が好きなのか？」

このように、喜びの理由を確認するのです。

「よかったと思うだけで、それ以上も以下もないよ」と考えていてはもったいないでしょう。ここでもう一歩、自分と向き合って考えてみることが、あなたをより成長に導きます。

なぜかというと、喜びの理由の奥には、「自分のモチベーションの源泉」が隠れているからです。そこには、ふだん触れることのない、あなただけの価値観・信条があるのです。「私はこうありたい」と思う。これがあなたの「ありたい姿」です。

自分の「ありたい姿」を感じることは、どのように人生を歩みたいか、その方向性を確認することでもあります。

よく、「夢を持とう」などと言われるために、それを外に求めて「自分探し」をする人がいます。でも、**「これからの未来がどうなるのか」は予測不能なのに、外に答えを求めても仕方がありません。**そんなことをするよりも、目の前のことに着目して、それを磨いていったほうがいいのです。

「自分らしさは働きぶりという習慣に宿る」と第2章で解説しましたが、要は、自分の理想はどこか手の届かない上のほうにあるのではなく、日々の習慣に宿っているということ。ただ気づかないだけなのです。

たとえば、目の前の「できたこと」に「新規のお客さまに、初めてアポイントメントが取れた」ということがあったとします。

たとえ同じ「できたこと」であっても、そこには人によってまったく違う「喜びの理由」が存在するのです。

Aさん
喜びの理由：アポが取れず失敗続きだったが諦めずに乗り越えたこと
ありたい姿：困難なことでも果敢に挑戦している姿

Bさん
喜びの理由：メンバー同士で助け合ってアポが成功したこと
ありたい姿：仲間と共に協力して仕事をしている姿

Cさん
喜びの理由：このアポによって目標達成に近づけそうなこと
ありたい姿：高い目標を達成しビジネスで活躍している姿

Dさん

喜びの理由：お客さまに「困っていたので提案は助かるよ」と感謝されたこと
ありたい姿：他者の役に立って喜ばれている姿

「ありたい姿」は、言い換えれば自分の「幸せの基準」です。これに気づくことができれば、自然体でモチベーションをキープしながら自分の成長プロセスを楽しむことができます。

仕事の中では、押し寄せてくる日常に押し流され、自分を見失ってしまうこともあるかもしれません。しかし、どんな状況にあっても、心の奥で「大切に感じていること」は変わるものではありません。**ときおり「自分はどうありたいのか」と向き合うことによって、一歩ずつ確実に自分の理想の姿に近づくことができる**のです。

Point 05

期待に応えていくと、自分の「市場価値」がわかる

目標達成のための5つの技術とは、「PDCFAサイクル」に対応しています。それをうまく回して、目標達成を続けることができる人のことを、プロフェッショナルと呼ぶのです。

仕事の質を高め続ける人が、信頼される

私は、仕事をするすべての人は、プロフェッショナルである必要があると思っています。そして真のプロフェッショナルは、「自分は〝市場価値〟によって収入を得ているんだ」という考えを持っています。「市場」はいつも変化します。したがって、**自分を成長させるための基盤（自己成長ＯＳ）も、書き換え続けることが必要**なのです。ここでいう「市場」とは、「お客さまの期待」そのものです。「お客さまの期待」に応えてこその仕事です。

この期待には、まだお客さまが気づいていない「潜在的な期待」も含まれます。いかにお客さまに先んじて、「いかに未来の期待に応える準備をするのか」という視点も大事です。

ちなみに、お客さまとは「自分の仕事の成果の受け手」のことですので、間接的な仕事で、〝自社の社員が自分のお客さま〟である人もいるでしょう。間違ってもお客さまは「上司」ではありません。「自分の仕事のあとを受けて何かをする人」はすべてお客さまだといえます。

では、「自己成長ＯＳ」を書き換え続けられる人は、仕事に対してどんな視点を持っているのでしょうか？　それは、「もっといい方法はないかと常に探している」視点。つまり、すべての仕事について「結果に満足しない」という視点なのです。そして新しいやり方を発見したら、

すぐに実践することが身についています。そのような人は、お客さまから信頼されます。仕事の質を高めようと取り組んでいる姿は、お客さまから見ても安心なのです。「信頼を得る」とは「期待に応え続ける」ということ。一つの仕事が終わると、お客さまの期待値は一つ上がります。現状では満足しなくなるのです。とくに、いい仕事をして「ありがとう」と感謝されたときには、「次も期待しているよ」という気持ちも入っているということです。

常にお客さまの期待に応え続けるためには、より価値のある成果を出す必要があるのです。

ここで、信頼につながる「行動を変える」実践例をお伝えします。まず、ある営業担当者の例で見てみましょう。

お客さま　「いつも提案書の中に〝他社情報〟が入っているから、とても助かるよ」
営業担当者「他業種との比較分析表も出せますが、いかがですか？」
お客さま　「それは助かる。社内での説明もしやすくなるしね」
営業担当者「わかりました。来週お持ちする提案書は改良しておきます」

もう一つは、設計部門のエンジニアの例です。

設計エンジニア「この設計図でご了承いただけますでしょうか」
製造担当者「オーケー。ありがとう。いつも納期通りで助かるよ」
設計エンジニア「新製品の情報をご存じですか？　次の打ち合わせでお持ちしましょうか」
製造担当者「それはいいね。情報が足りなくて困っていたんだ。助かるよ」
設計エンジニア「わかりました。では、企画と営業に相談して、持ってきますね」

この2人のよい点は、**「あまり時間がかからない小さな改善点」を提案しているという点**です。

多くの時間が取られてしまうと、次の仕事にすぐ活かせません。小さい改善を積み重ね続けたほうが、時間がかかる大きな改善よりも、信頼を得ることができます。

仕事上の信頼関係とは、自分とお客さまが、お互いに影響し合い、成長し続けていくことによって育まれます。小さい改善を積み重ねていくことが「絶え間ない期待」に応え続けていくことになります。「信頼とは、小さい改善で育んでいくもの」なのです。

期待に応えると「自分のよさ」を再発見する

先ほどの例のように、「自分の仕事の、どの部分がお客さまに感謝されているのか」を知ることは、「自分らしさの再発見」となります。自分がさりげなく、当たり前に行っていることが、相手にとっては「ありがたい」ものであることも多いのです。3人の例で説明します

「いつもチャキチャキ動く、おせっかいな人」がいます。自分では「いつも慌てん坊で、ミスばっかりで、いけてないなー」と思っていても、相手は「いつも汗をかきながら、すばやくすっ飛んできてくれて、助かっていますよ。そんなあなたの姿に元気をもらっているんです」と思っています。

「アイデアマンで、新しい企画ばかりに目がいく人」がいます。自分では「仕事のあとかたづけが大嫌いで、いつも報連相が足りないと怒られて、まずいなあー」と思っていても、相手は「あなたの前向きなところが大好きです。あなたの発想力によって、〝あー、僕の頭は、凝り固まっていたな〟と気づかされることが多いんですよ」と思っていたりします。

「いつもゆっくり仕事をする人」がいます。自分では、「私は仕事が遅いし、ボーっとしているなと言われるし、キビキビしなきゃなー」と思っていても、相手は「あなたはいつも仕事を丁寧にやってくれて、安心なんです。地道にコツコツ取り組むあなたのことを、尊敬しているんです」と思っているものです。

このように、自分では気づいていない「自分のよさ」を、周りの人は気づいているものです。だから、相手の期待に応え続けていくと、「信頼」が生まれ、自分の魅力を見つけることができるのです。

自分の市場価値は、自分自身の個性を活かすことで高まっていきます。ほかの誰でもない自分だけの「オリジナリティ」を追求することは、仕事を楽しみながら人生を生きていくことにつながるのです。

目標達成とは、プロフェッショナルへの道

NHKの『プロフェッショナル 仕事の流儀』という番組があります。さまざまな分野で活躍している人がゲストとして出てきて、その人の「すごい仕事」が紹介されます。そして最後に

ゲストが「あなたにとってプロフェッショナルとは?」という問いに答えます。たとえば、

「情熱を持ち続けることです」
「結果に満足せず、弱い自分に負けないことです」
「いつでも仕事を楽しめることです」
「一つの仕事に夢中になれることです」
「終わりなき挑戦ができることです」

など、それぞれの人が自分の「プロフェッショナル観」を話します。どれもいい言葉です。
私は、「プロフェッショナルとは?」と尋ねられたらこう答えます。「自分が成長するプロセスを楽しめる人です。すなわちPDCFAサイクルが身についている人です」。

P　目標を立てる技術
D　行動を続ける技術
C　経験を振り返る技術

あらためて、PDCFAサイクルとは

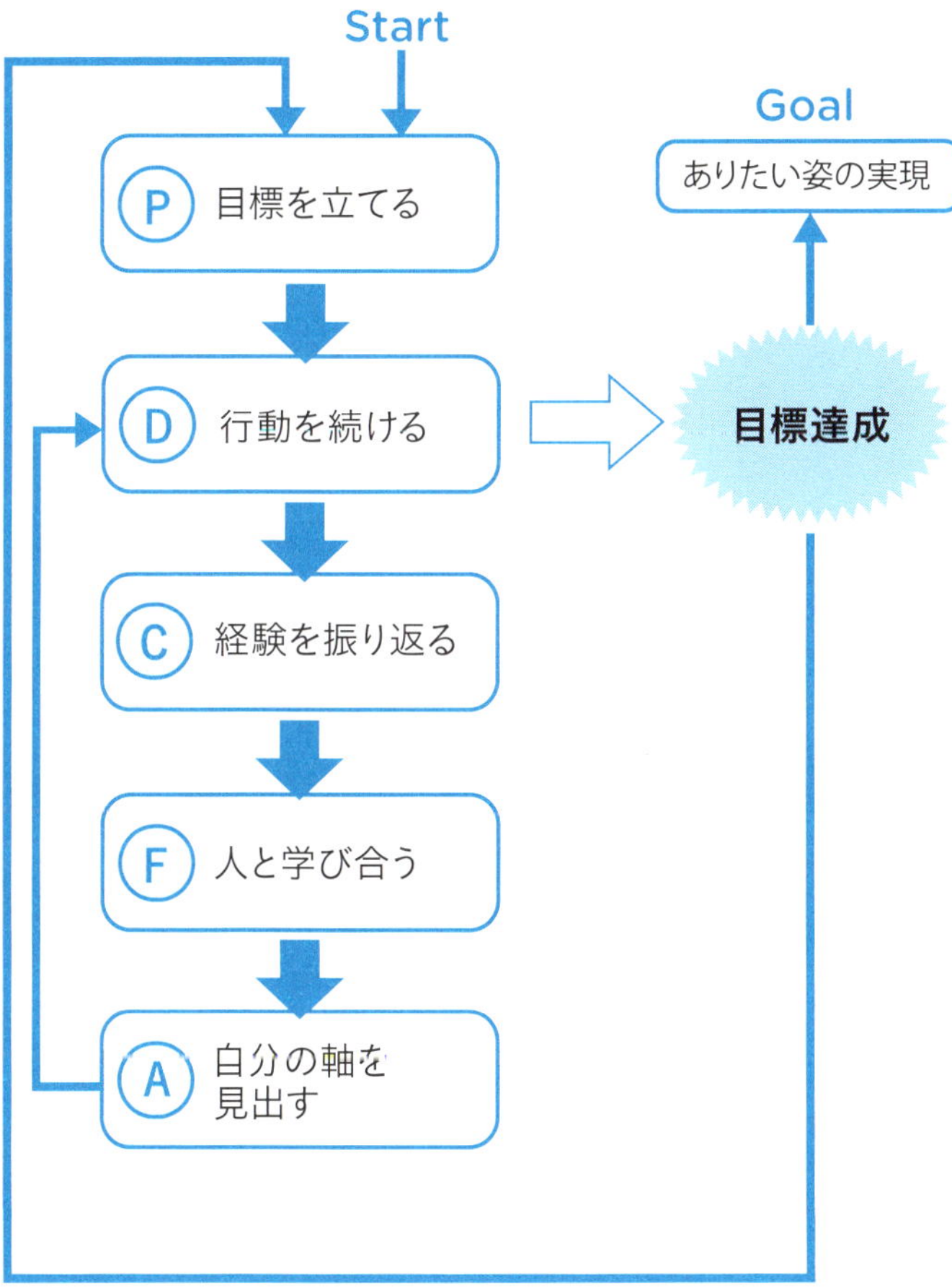

Ｆ　人と学び合う技術
Ａ　自分の軸を見出す技術

この5つの技術を身につければ、あなたは常に「ラクして達成できる人」になります。自己成長ＯＳができあがるからです。

目標を達成する技術を身につけることは、自分で自分を成長させることができるようになるということ。ＰＤＣＦＡサイクルの習慣こそ、あなたをプロフェッショナルに成長させます。

前述のように、ＰＤＣＦＡサイクルでは、（Ｐ）目標を立てる、（Ｄ）行動を続ける、（Ｃ）経験を振り返る、（Ｆ）人と学び合う、（Ａ）自分の軸を見出す……を繰り返していき、目標を達成します。そして、目標を達成したら、再度、（Ｐ）目標を立てて、Ｄ↓Ｃ↓Ｆ↓Ａを繰り返していきます。

このように、ＰＤＣＦＡサイクルは二重ループの構造になっています。このサイクルを回して目標達成を続けることで、最終的に「ありたい姿」を実現していくことができます。

まさにＰＤＣＦＡサイクルは、あなたを理想の姿に向かって成長させることができる技術なのです。

おわりに

「科学的にラクして達成する技術」はいかがだったでしょうか。「科学的にとはどういう意味なんだろう?」「本当にラクに達成なんてできるのか?」と読み始めに感じていた疑問は解消したのではないでしょうか。

本書で説明してきた「PDCFAサイクル」5つの技術を実践することによって、あなたは「自分で考えて自分で行動できる人」として磨かれていくでしょう。そして周りからも信頼され、プロフェッショナルとしての礎を築くことになるはずです。

実は、目標達成を続けていくと見えてくるものがあります。それは自分の「使命」です。

私はよく講演で「夢が見つからない」と話す参加者に、「夢を無理につくる必要はありませんよ」と語りかけます。そんなふわっとしたことより、目の前にある問題を解決しながら仕事の質を高め続けていけば、自分のよさにも気づき、自ずとあなたの「使命」は見えてくるのです。

いつも目標達成する人は、なぜ達成まで愚直に続けられるのでしょうか?　達成したらまた新しい目標を設定するのですから、一見、まるで終わりのない旅をしているようです。

この原動力こそが「やる気」というものなのです。誰から言われるでもなく、自然に火がついてしまうエネルギー源です。この「やる気の源泉」は、実は誰もが必ず持っています。なぜなら、子供のころの経験にその原点があるからです。


私が「発明家」になれた原点は、実は小学校4年生にさかのぼります。

釣り好きだった私は、ある日、池の中のフナの生態を見たくなりました。そこで、缶をくり抜いて10個ほどつなげ、先に豆電球をつけた「池の中のぞき器」を完成させます。電池をつなげてスイッチを入れると、先がぼーっと光り、望遠鏡のようにのぞけるのです。この作品は、たまたま発明工夫展というイベントで賞を取りました。

喜んだ10歳の私が発した言葉は「ぼく、はつめいかになりたい」でした。

これがきっかけで理科・工作がさらに大好きになり、ラジコンのモーターを改造してスーパーカーをつくったり、トランジスターラジオを自作したりして遊ぶようになります。

賞を取ったことで先生や友達に一目置かれたり、親に認められたりしたことが心に響いたのでしょう。「池の中のぞき器」は自慢の一品になり、ほかにもいろんな役立つモノをつくりたいなと思うようになりました。小さい心に「やる気」が芽生えた瞬間です。

ここで大事なのは、このとき自分の「価値観」ができあがったということ。「自分で考えて新しいモノをつくり、みんなを驚かすのが大好き」という「ありたい姿」が生まれたのです。

私が日米で特許を取って発明家（inventor）になったときは40歳を超えていたので、夢が実現するまで30年かかっていますが、その間ずっと「発明家になろう」として歩んできたわけではありません。ただ、目の前の仕事を自分らしく楽しくやってきただけ。新しいモノややり方を考案し、みんなを巻き込みながら取り組んできただけです。


人は誰でも過去の体験から「価値観」が形づくられていますが、実は無意識にそれに寄り添って生きているものなのです。そして目の前の仕事に前向きに取り組み、目標達成を繰り返し、周りの期待に応え続けていると、その「価値観」と「社会的な役割」がつながる瞬間が訪れます。それが「使命」です。

私も企業や学校で人材育成の仕事をする中で「使命」を見つけました。それは「教育イノベーションを成し遂げる」ということです。新しいモノを考案してみんなに披露しようと、ワクワク、ドキドキしていた少年は、いつしか教育改革という自分の「使命」に気づいたのです。

あるところに、人のために何かをして喜ばれるのが大好きな子供がいました。彼は大人になり、ウエイターの仕事に就きました。最初は自分の仕事を、単なる〝注文を取って料理を運ぶ係〟と考えていましたが、仕事を一生懸命やっていくにつれ、〝お客さまに喜んでもらうためのサービス係〟ということに気づきます。そして最後には〝お客さまの大切な時間を演出する影のプロデューサー〟であるというところまで仕事の質が高まります。

これは、自分の子供のころからの夢が叶う瞬間でもあります。そのとき、「あぁ、自分の使命はこれだったんだな」と気づき、ウエイターという目の前の仕事に誇りを感じるのです。

目標達成を続けることとは、仕事を通じて人生を謳歌するための道なのかもしれません。

私がこの本を書くにあたって心から願った、本当に達成してほしい目標は、「自分らしくイキイキ働く人生を手にすること」なのです。

ぜひ、自分の可能性を信じて、日々を歩んでください。そうすれば、あなたの思い通りの人生になっていることに気づく日が、きっと来るはずです。

２０１９年11月

発明家／行動科学専門家　永谷　研一

読者特典

ラクして達成「ラク達シート」

「科学的にラクして達成する技術」を身につけるために、すぐに始められる「ラク達シート」が、読者限定でダウンロードできます！

できたことノート for PDCFA
「ラク達シート」

1週間分のワークシート要素

・ゴール目標と達成度
・行動目標と達成度
・ToDoとできたこと
・振り返りとフィードバック
・ありたい姿

シートのダウンロードは左のQRコードからどうぞ

https://dekitakoto.jp/b-sheet

※特典の配布は予告なく終了する場合がございます。

【著者略歴】
永谷 研一（ながや・けんいち）
発明家／行動科学専門家
株式会社ネットマン 代表取締役社長
1966年静岡県生まれ。1999年ネットマン設立。学校や企業の教育の場にITを活用するサービスのパイオニア。行動変容を促進するITシステムを考案・開発し、日米で特許を取得。アメリカでO-1ビザ（卓越能力者ビザ）が認められた。行動科学や認知心理学をベースに、1万5000人の行動変容データを検証・分析し、目標達成メソッド「PDCFAサイクル」を開発。三菱UFJ銀行、ダイキン工業、シミックHD、トリドールHD、日立グループなど130社の人材育成プログラムに導入される。また子供たちの自己肯定感を高める社会活動を行っている。4人の子の父。
著書に『人材育成担当者のための 絶対に行動定着させる技術』（Profuture）、『1日5分「よい習慣」を無理なく身につける できたことノート』（台湾・韓国でも翻訳出版）、『できたこと手帳』（以上、クロスメディア・パブリッシング）『月イチ10分「できたこと」を振り返りなさい』（ダイヤモンド社）、『子供との成長を楽しむ 親子向けできたこと手帳』（NETMAN）などがある。

株式会社ネットマン　https://netman.co.jp
できたことノート 公式サイト　https://dekitakoto.jp

科学的《かがくてき》にラクして達成《たっせい》する技術《ぎじゅつ》

2019年12月 1日　初版発行

発行　**株式会社クロスメディア・パブリッシング**
発行者　小早川 幸一郎
〒151-0051　東京都渋谷区千駄ヶ谷4-20-3 東栄神宮外苑ビル
http://www.cm-publishing.co.jp
■本の内容に関するお問い合わせ先 …………………… TEL (03)5413-3140／FAX (03)5413-3141

発売　**株式会社インプレス**
〒101-0051　東京都千代田区神田神保町一丁目105番地
■乱丁本・落丁本などのお問い合わせ先 ……………… TEL (03)6837-5016／FAX (03)6837-5023
service@impress.co.jp
(受付時間　10:00～12:00、13:00～17:00　土日・祝日を除く)
※古書店で購入されたものについてはお取り替えできません

■書店／販売店のご注文窓口
株式会社インプレス 受注センター ………………… TEL (048)449-8040／FAX (048)449-8041
株式会社インプレス 出版営業部 ……………………………… TEL (03)6837-4635

カバー・本文デザイン　秋原弦一郎（256）
カバーイラスト　vectorpouch／Freepik
DTP・図版制作　荒好見（cmD）
校正　小倉レイコ
印刷・製本　中央精版印刷株式会社
ISBN 978-4-295-40367-8 C2034